Originalausgabe

Herstellung und Verlag: BoD – Books on Demand, Norderstedt
ISBN: 9783757888053

Wirtschaftsunterricht

Kinder reich machen

-

Ein Essay

„Den Reichtum eines Menschen misst man an den Dingen,
die er entbehren kann, ohne seine gute Laune zu verlieren."

Henry David Thoreau

Dieses Essay ist aus der Erkenntnis geboren, dass die Inhalte, die das aktuelle Schulsystem vermittelt, nicht ausreichen, um in dieser Welt finanziell erfolgreich zu sein. Unsere Kinder reich zu machen, muss unser aller Ziel sein. Aber nirgendwo in der aktuellen Schullandschaft wird das gefordert. Warum eigentlich nicht? Warum wird das Ziel reich oder zumindest wohlhabend zu werden, nicht explizit formuliert und dann alles notwendige dafür vermittelt?

Die Lehrer und Lehrerinnen (im weiteren LuL) sollen die Jugendlichen aufs echte Leben vorbereiten. Das ist das erklärte Ziel der Schule und wir reden auch viel über Karriere und Berufe, und die Jugendarbeitsagentur kommt zu jedem Einzelnen in der Schule. Und doch wird jede:r, der oder die sich mit Wirtschaft, Ökonomie und Finanzen nur einigermaßen auskennt, feststellen, dass die Inhalte und Lernziele des aktuellen Schulsystem nicht ausreichen, um später sicher finanziell erfolgreich werden zu können. Ich beziehe dieses Essay hier bewusst nicht auf den legendären Haifisch-Kapitalismus, sondern ich meine ausschließlich die moralisch akzeptablen Wege, die es gibt, um reich oder wohlhabend zu werden; die leider kaum in der Schule vermittelt werden.

In diesem Essay geht es um die finanzielle Bildung und um die These, dass nur ein zum festen Pflichtfach erhobener Wirtschaftsunterricht in der Lage ist, die Kinder wirklich auf ihr späteres Leben in einer Marktwirtschaft vorzubereiten. Ich gehe von der Annahme aus, dass der Hauptgrund, um später im Leben finanziell erfolgreich sein zu können, die finanzielle Bildung ist. Natürlich gibt es auch Nebengründe wie stabile Märkte, wenig Krisen und Gesundheit. Aber selbst unter schlechten Bedingungen müssen die Kids später gut wirtschaften können. Es ist also unerheblich, ob unsere Jugend später in einem Bullen- oder Bärenmarkt lebt: Sie müssen sich profitabel verkaufen können. Von ihrer Fähigkeit gut wirtschaften zu können, hängt ihr Wohlstandsniveau zwangsläufig ab.

Ich bin Vater und ich will, dass es meiner Tochter später finanziell gut geht und sie nicht am Hungertuch nagen muss. Nun kenne ich euch nicht persönlich, aber ich glaube, dass jedes gute Elternteil sich wünscht, dass sein(e) oder ihr(e) Kind(er) später genug besitzen. Dieses „Genug" lässt sich allgemein als Geld bezeichnen, umfasst allerdings eine Vielzahl an Konsumgütern wie Nahrung, Technik und immateriellen Besitz, als auch Kapital wie Aktien und alle Arten von Produktionsmitteln. Nach meiner Erfahrung wünschen sich alle Eltern, dass ihr(e) Kind(er) davon später genug haben. Das ist nur logisch. Denn wir leben in einer Welt, in der diese Dinge eine essentielle Bedeutung haben.

Wir schicken unsere Kinder in die Schule im Vertrauen, dass sie dort fürs Leben gebildet werden. Nun bin ich nicht nur Vater sondern auch Lehrer im staatlichen Schulsystem und muss hier der Nation gestehen, dass ernsthafte finanzielle Bildung in den Schule nicht stattfindet. Manche KollegInnen werden mir jetzt widersprechen, weil es Fächer wie WAT, Arbeitslehre und Mathe gibt. Aber ich garantiere euch, was dort zum Thema finanzielle Bildung gemacht wird, ist ein ökonomischer Witz. Meiner privaten Meinung nach ist die finanzielle Bildung in deutschen Schulen so schlecht, dass es sowohl eine Beleidigung für eine führende Wirtschaftsmacht ist, als auch durch diesen Mangel unsere Jugendlichen eben nicht auf die spätere Wirtschaftswelt vorbereitet werden und so unser gesamtgesellschaftliches Momentum bedroht ist.

Möchte ich ernsthaft behaupten, dass die Schule wegen der desaströsen finanziellen Bildung unsere Jugend nicht aufs spätere Leben vorbereitet? Absolut! Das ist meine Aussage und sie beruht ausschließlich auf Erfahrungen. Ich gehe sogar so weit zu sagen: Solange Schule nicht einen realistischen Wirtschaftsunterricht (im weiteren WU) einführt, solange kann Schule nicht mehr behaupten die nächste Generation aufs spätere Leben vorzubereiten.

Das kling hart. Doch es drückt genau das aus, was ein sehr großer Teil der Schülerinnen und Schüler (im weiteren SuS) inklusive ihrer Eltern denkt, nur dass ich eben auf den Punkt bringe, was dieses Gefühl auslöst. Denn dass es große Unzufriedenheit gibt, über das was im Schulsystem schief läuft, sollte mittlerweile jede:r mitbekommen haben. Im folgenden geht es deshalb darum, warum wir dringend einen Wirtschaftsunterricht als verpflichtendes Hauptfach brauchen, falls Schule ihrer lebenslangen Verantwortung gegenüber der Jugend wieder gerecht und so relevant fürs Leben werden will.

Die Schule trägt die Verantwortung für die Jugend. Wir alle wissen das. Wir wissen auch, dass diese Verantwortung bedeutet, die Kinder und Jugendlichen bestmöglich auf ihr späteres Leben vorzubereiten. Wir alle und auch die nächste Generation leben in einer Marktwirtschaft. Auf diesem Markt müssen wir unsere Fähigkeiten und Ressourcen so gut wie möglich verkaufen, damit wir alles, was wir fürs Leben brauchen, bekommen können. Das ist die nackte Realität. Es ist das Gesetz des Marktes. Jene von euch die wollen, dass die Heranwachsenden auf diese Realität

9

vorbereitet werden, müssen mit aufstehen und einen verpflichtenden Wirtschaftsunterricht einfordern. Denn ohne dass sich eine breite Bewegung formt, wird sich in diesem Land nichts ändern. Aber wir müssen etwas ändern, denn unsere Jugend hat die besten Chancen für den Start in ihr Leben verdient!

2

Die Welt ist ein riesiger Markt. Unternehmen bieten ihre Produkte an und die Käufer und Käuferinnen kaufen sich, was sie wollen, ihren Bedürfnissen und ihrem Kontostand entsprechend, was sie brauchen. Besonders für junge Eltern ist diese Realität ernüchternd, wenn wir bemerken, wie teuer Kinder sind und wie viel wir investieren müssen, um es ihnen so schön wie möglich zu machen.

Der Markt wird von essentiellen Kräften geregelt. Deren einfachste Faktoren sind Angebot und Nachfrage. Zum Glück sind das nicht die Einzigen. So faszinierend die Idee von Adam Smith und der unsichtbaren Hand ist, so bedrohlich wäre es, wenn wirklich alles ungeregelt wäre, da dann die negativen Auswirkungen deutlich größer wären als die aktuellen, die bereits ziemlich erschreckend sind, wenn wir uns der Umweltkrise und der weltweiten Ausbeutung von Kindern bewusst werden. So ist auch der Staat ein weiterer wichtiger (nicht unfehlbarer) Wirtschaftsfaktor.

Neben dem Blickwinkel von oben, der sogenannten makroökonomischen Sicht, gibt es auch die Sicht von unten, nämlich die Sicht des Einzelnen. Jeder Mensch handelt auf diesem Markt faktisch losgelöst von seinen Mitmenschen, dem Staat und anderen Einflussfaktoren. In diesem Essay soll zwar auch der Blick von oben auf die Situation gerichtet werden, doch im Wesentlichen geht es um das einzelne Kind oder die Jugend im Ganzen. Denn das ist der zentrale Ansatz der Wirtschaftsdidaktik, dessen Hauptziel es ist, unseren Jugendlichen die bestmögliche finanzielle Bildung zukommen zu lassen.

Jedes Kind ist ein:e Wirtschaftsteilnehmer*in. Das ist eine Grundwahrheit, die unumstößlich ist, solange es Wirtschaft geben wird. Die immense Bedeutung der Wirtschaft für jedes einzelne Kind und dessen gesamtes Leben ist so groß, dass sie maximale Aufmerksamkeit verdient hat. Der Untertitel dieses Essays lautet: Kinder reich machen und genau das ist meine Absicht: Die Art Bildung in die Schule zu bringen, die den Kids später hilft, finanziell frei und erfolgreich zu werden.

Wie gesagt, hat das nichts mit dem geldgeilen Gespenst des Kapitalismus zu tun, den uns die linken und rechten Lager immer madig machen wollen. Sondern es geht um die basalen und vertiefenden Kenntnisse darüber, wie die Wirtschaft funktioniert und wie dieses Wissen in praktische Handlungen umgewandelt werden kann.

3

Gibt es denn in der Schule bisher keine finanzielle Bildung? Nein! Nein und nochmal nein. Wird nicht schon genug gemacht, um sie aufs Berufsleben vorzubereiten? Nein!

Nein und nochmal nein. Reicht das, was implizit in der Schule gemacht wird nicht für eine gute Karriere? Nein! Nein und nochmal nein. Wird denn der Jugend nicht indirekt in jedem Fach genug über die Wirtschaft unseres Landes mitgegeben? Nein! Nein und nochmal nein!

Das Problem startet damit, dass wir LehrerInnen in einer kuscheligen Bubble oder Blase leben. Wir werden von Vater Staat finanziell schön in Watte gepackt. Unser Job ist sicher, unser Gehalt steigt und wird an die Inflation angepasst und im Ruhestand werden wir genug haben, um ein schönes entspanntes Leben führen zu können; dazu kommen noch die Ferien als Grundlage für eine gute Work-Life-Balance. Das ist die wirtschaftliche Realität, in der wir Lehrkräfte leben.

Doch die meisten da draußen, wirtschaften nicht unter so rosigen Bedingungen. Aktuell verschärft sich die Marktlage zunehmend und es ist wahrscheinlich, dass auch die heutige Jugend auf einem harten Parkett um ihr Stück vom Kuchen kämpfen müssen wird, falls sie ein gutes Gehalt und eine gute Altersabsicherung erwirtschaften wollen. Das Problem ist, dass die meisten Lehrerinnen (sind wie gesagt immer alle Geschlechter gemeint) sich dessen gar nicht bewusst sind und dementsprechend ihren Unterricht nicht darauf ausrichten. Das kann fatale Folgen für die Jugend haben, angefangen bei Niedriglohn über Altersarmut bis hin zur Obdachlosigkeit.

Solange Lehrer nicht erkennen, wie dringend finanzielle Bildung für ihr Klientel ist, solange werden sie keinen Unterricht machen, der die Kids später aufs echte Leben vorbereitet. Denn Geld regiert die Welt. Das ist heute so, war vor hundert Jahren so und wird sehr wahrscheinlich in hundert Jahren immer noch so sein. Und wirklich, wenn diese Fehleinschätzung der Lehrkräfte bezüglich der nicht vorhandenen Ausrichtung auf finanzielle Bildung nicht so dramatisch wäre, könnte man das hier einfach nur interessant und zum Nachdenken anregend finden; aber es geht um die Zukunft einer ganzen Generation, die am seidenen Faden hängt. Ich will hier auch gar kein Schwarzmaler sein, aber die makroökonomischen Daten sprechen genau diese Sprache: hier der Klimawandel, da das Zusammenbrechen des Mittelstands, der Gini-Koeffizient, die Überalterung, die Veränderungen der Arbeitswelt durch künstliche Intelligenz und die legendäre Gratwanderung auf der Work-Life-Balance.

Das zweite große Problem ist ein Fach Namens WAT (In manchen Bundesländern heißt es Arbeitslehre oder AWT), das – bitte verzeiht mir die harte Ausdrucksweise – ein ökonomischer Witz ist. Zu diesem Punkt werden wir später noch einmal kommen, vorweg nur so viel: Ich empfehle jedem Elternteil selbst Zeit in die finanzielle Bildung ihrer Kinder zu investieren. Das Fach WAT leistet nicht einmal den Mindeststandard, aber ihre Kinder werden das Wissen über Geld, Finanzen und Ökonomie dringender brauchen als wir, wenn sich die Märkte so weiter entwickeln.

4

Auch Lehrer sind Verkäufer. Viele Pädagogen wird diese Aussage auf die Palme bringen. Denn in ihrem Selbstbild hat der Beruf der Lehrerin mit dem „schäbigen" Bild des

Verkäufers nichts gemein. Leider liegen sie komplett falsch. Wir Lehrer müssen ständig verkaufen. Was wir verkaufen, ist Bildung und der Grund, warum Schule dieser Tage so ineffizient ist, liegt daran, weil wir Lehrerinnen so schlecht verkaufen können. Aber lasst mich das ein wenig genauer konkretisieren, damit einige wieder von ihrer Palme herunterkommen und eine neue hilfreiche Perspektive gewinnen können.

Wenn man sich mit Theorien des Verkaufens beschäftigt, dann hört man häufig von Einwandbehandlungen. Die häufigsten dabei sind: zu teuer, keine Zeit oder der Kunde hat bereits einen Partner. Gucken wir jetzt darauf, was wir Lehrkräfte im Unterricht von unseren SuS (Schüler und Schülerinnen) für Einwände gegen den Unterricht hören, dann sind das meist dieselben. Statt zu teuer sagen sie, es ist zu anstrengend, was genau das gleiche meint. Es bedeutet nur, dass sie zu viele – im Fall der Schüler sind es kognitive und im Fall eines Kunden monetäre – Ressourcen dafür aufbringen müssen. Keine Zeit sagen unsere Schüler, wenn sie sowohl im Unterricht als auch zuhause nicht bereit sind, sich dafür zu interessieren. Und das sagen auch Kunden. Wenn der Kunde sagt, er hat für diesen Bereich bereits einen Vertriebspartner, ist das nichts anderes, als wenn uns diese gewissen Schüler von ihrer Musik- oder Sportrichtung (hier vor allem Fußball) erzählen, die sie ja später reich machen wird, weil sie Rapper oder Profifußballer werden und sie deshalb nichts mehr lernen müssen.

So wie der Verkäufer den Kunden überzeugen muss, muss die Lehrerin ihre Klasse überzeugen und das Geschäft ist in beiden Bereichen härter geworden. Die Konkurrenz hat massiv zugenommen. Die Händlerin im Klamottenladen schlägt sich damit rum, dass Jeans, Pullis, Röcke und BHs auch online zu bekommen sind. Auch wir Lehrerinnen bekommen durch Plattformen wie YouTube massive Konkurrenz, da diese immer mehr kostenlose Lernvideos und Tutorials anbieten. Immer mehr Schülerinnen erzählen heute, wie sie online auf YouTube Mathematik kapieren, während sie im Unterricht bei Herrn Müller nur Bahnhof verstehen.

Die Parallelen sind eindeutig größer als die Unterschiede. Abgesehen von dem Beispiel der Einwandbehandlung, die jede Lehrkraft fast in jeder Unterrichtsstunde und jede Händlerin in jedem Verkaufsgespräch durchmacht, gibt es noch eine größere Gemeinsamkeit. Beide verkaufen etwas von Wert. Was der Händler verkauft, hängt von seinem Geschäft ab. Was hingegen wir Lehrer verkaufen, ist klar und eindeutig und es hat einen größeren Wert als alles, was Kaufleute sonst in Deutschland verkaufen. Wir verkaufen moralische Werte.

Das was wir Lehrkräfte verkaufen, ist lebenswichtig. Denn auch wenn viele Lehrkräfte das vergessen zu haben scheinen: Auch die Schule befindet sich auf einem Markt, der voller Konkurrenz ist. So wie ein Händler für Autos sich in Konkurrenz zu anderen Autoverkäuferinnen und Autohändlern befindet, befindet sich unsere demokratische Schule in Konkurrenz zu anderen Schulsystem, etwa dem kommunistischen oder auch dem islamistischen. In den letzten paar Jahren haben sich die Fronten auf dem Markt massiv verhärtet. Dennoch scheinen viele Studien zu belegen, dass unser Schulsystem sich auf diesem Markt der Systeme zunehmend schlechter verkauft. Das ist eine dramatische Entwicklung. Aber darum soll es hier nicht gehen, denn wir sind ja hier, um eine Lobeshymne auf den Wirtschaftsunterricht zu singen.

Fakt ist: Wir LuL (Lehrer und Lehrerinnen) sind eigentlich nur Verkäufer. Wir verkaufen Inhalte, Ideen und die Werte unseres demokratischen, freiheitlichen Systems, an das ich glaube, auch wenn die Linken und Rechten es ständig schlecht reden. Aktuell zeigen ausnahmslos alle Statistiken, dass wir Lehrkräfte einen schlechten Job machen. Vielleicht sollten wir uns endlich dafür öffnen, von den Spitzenverkäufern zu lernen, statt uns nur als elaborierte Philologen zu verstehen, die über die niederen materiellen Zwänge der wirtschaftlichen Welt erhaben sind.

5

Zurück zum Ist-Zustand und zum ökonomischen Witz namens WAT. Ich habe das Fach tatsächlich studiert und erinnere mich gerade an eine Aussage einer der Professorinnen an der Uni. Laut ihr, ist das Problem, dass WAT keine große Lobby hat und deshalb nicht so viel Aufmerksamkeit bekommt, wie es verdient hat. Nun steckt in dem „W" von WAT nun mal das Wort Wirtschaft drin und zum Bereich Wirtschaft gehört Marketing. Vielleicht sollte dieser Frau einmal jemand verraten, dass wenn sie wirklich Wirtschaft (verstehen und) lehren würden, dann würde sie auch Marketing so beherrschen, dass sie sich diese Aufmerksamkeit mithilfe ihrer Marketingstrategie erkaufen könnte. Die Frage ist, wenn das Fach WAT schon das Marketing nicht beherrscht, wie viel Wirtschaft kann es dann überhaupt?

Das meine ich ernst: Marketing ist ein Kernelement der Ökonomie. Es gibt keinen erfolgreichen Verkaufsabschluss in unserer Zeit ohne entsprechendes Marketing. An der Uni jedoch habe ich zum Thema Marketing fast nichts gehört, ebenso wie zu den meisten relevanten Bereichen aus dem großen Themenfeld Wirtschaft. Aber wir haben Filzen gelernt und wie man schön sägt und hobelt, was für eine Wirtschaft 2.0, also eine Wirtschaft im digitalen Zeitalter besonders wichtig ist. Merkwürdig nur, dass die Nationen, welche die wirtschaftlichen Ranglisten anführen nicht im Bereich Handwerk wirtschaftlich wachsen, sondern im Bereich Dienstleistung und in der Tech-Branche (inklusive Fintech). Wobei ich nebenbei gesagt, ein großer Fan des Handwerks bin.

Viele Handwerker wollen mehr Handwerk in den Schulen. Aber warum? Wenn die Leute es selber können, bräuchten sie weniger Handwerker. Also wäre es doch kein Vorteil. Was sie wollen, sind fittere Azubis. Das kann ich verstehen: Was derzeit die Schule verlässt, ist selten fit, um in der Ausbildung voll durchzustarten. Aber das würde sich mit mehr Handwerksunterricht auch nicht ändern. Denn Schule steckt in einer viel umfassenderen Krise, die sich auf alle Bereiche (inklusive Muttersprache) auswirkt. Viele sagen, wir stecken in der größten Bildungskrise seit der Gründung unseres Staates. Manche finden sogar, das Bildungssystem ist komplett gescheitert.

Jede:r mag sich seine eigene Meinung bilden. Jedoch steht fest, das Konzept, was hinter unserer Schule steckt, stammt aus dem vergangenen Jahrhundert, welches auch das letzte

Jahrtausend war. Mehr noch: Es stammt aus einer Zeit vor dem Internet und damit faktisch aus einem anderen Zeitalter oder einer anderen Epoche (Moderne Zeit versus Informationszeitalter). Das mit einem völlig veralteten und überholten System keine Erfolge erzielt werden können, versteht sich von selbst: Ein gutes System ist alles, wie manche gute Ökonomen sagen, was man braucht, um Erfolg auf dem Markt zu haben. Ich finde, wir brauchen dringend ein besseres System.

Aber zurück zu WAT: Im Grunde will dieses Fach mehrere Fächer in einem integrieren. Ein bisschen Technik, ein bisschen Handwerk, ein bisschen Hauswirtschaft, ein bisschen Wirtschaft und ein bisschen Berufsorientierung. Am Ende ist das ein Mischmasch, der gar nichts wirklich auf die Reihe kriegt. Ein Unternehmen sollte sich spitz positionieren, wenn es anfängt. Sobald es etabliert ist, kann es dann gern breiter werden. WAT hat es nur in einem Bundesland bis ins Gymnasium geschafft, sprich sie haben sich bis heute nicht etabliert. Wer zu viel auf einmal will, wird am Ende gar nichts bekommen, sagt ein bekanntes Sprichwort. Das lässt sich auch auf das Unterrichtsfach WAT übertragen.

Im Wirtschaftsunterricht können unter dem Paradigma der Ökonomie ebenfalls all die Themenfelder abgedeckt werden, die in WAT abgedeckt werden. Wie gesagt kann, muss aber nicht. Dennoch würde es zu keinem Mischmasch führen. Zugleich beweist das Fach WAT oder Arbeitslehre deutschlandweit, dass es eben nicht in der Lage ist, ernstzunehmendes ökonomisches, für den Markt taugliches Anwendungswissen zu vermitteln. Eben weil es versucht, so viele Dinge unter einem Dach zu vermitteln, verfehlt es seine Mission.

Wirtschaft ist essentiell für das ganze Leben. Nein, wir müssen heute nicht mehr kochen, nageln, hämmern oder löten können. Wir können nämlich einfach genug Geld verdienen und uns dann jemanden buchen, der das für uns macht. Dasselbe gilt leider auch für viele andere Themen aus anderen Unterrichtsfächern. Was wir im Leben aber brauchen, ist die Fähigkeit, möglichst viel Geld zu verdienen. Das so nebenbei, also neben Technik, Handwerk und Hauswirtschaft, vermitteln zu wollen, ist gefährliche Idiotie. Es ist sehr gefährlich: Gefährlich für unsere Jugend, denn wir rauben ihnen die Chance auf ein finanziell sicheres Leben und auch gefährlich für die Zukunft unseres Wirtschaftsstandortes und damit für den Wohlstand des gesamten Volkes.

Wenn ich ehrlich bin, frage ich mich, wie eine Lehrkraft sich noch im Spiegel ertragen kann, sobald sie begreift, wie wenig wir die Jugend auf die wirtschaftliche Realität vorbereiten. Leider weiß ich, dass das selten passiert, weil in der Lehrer-Welt-Blase die wirtschaftliche Realität von der echten Wirtschaft entrückt ist. Ich gönne es den Lehrern, dass sie sich keine Sorgen machen müssen, aber viele müssen es und hätte ihnen die Schule mehr finanzielle Kompetenzen beigebracht, dann müssten sie es nicht, weil sie dann wüssten, wie sie ihre finanziellen Probleme (präventiv) lösen könnten.

Auch bei den Verantwortlichen in den Ministerien und an den Unis habe ich das gleiche Gefühl. Sie sehen die Schule als geschlossenes System, auch wenn sie behaupten, dass es anders ist und sie die Kids aufs echte Leben vorbereiten; in

Wahrheit schauen sie nicht über den Tellerrand. Denn was sie als Realität für alle SuS projizieren, ist die Lebenswelt der Philologen und Beamten und ich unterstelle ihnen, dass sie vergessen, dass das für die meisten nicht die spätere Realität sein wird.

Natürlich ist die wirtschaftliche Realität komplex, Multiperspektivisch oder was man sonst so sagt, um auszudrücken, das etwas zu groß ist, um es in ein paar Worte zu fassen. Doch es gibt allgemeingültige Tendenzen, die weitgehend auf alle Staatsangehörigen, wenn nicht sogar alle Menschen zutreffen. Einer dieser Trends ist etwa das Kapitalerträge im Verhältnis zu den Einkünften aus verkaufter Arbeitskraft deutlich steigen und zwar in einem Maße, dass es brandgefährlich ist, die Kids nicht darauf vorzubereiten (was meines Wissens nicht getan wird, außer eine Lehrkraft wie ich, baut es bewusst nebenbei ein, einfach weil ich meine SuS nicht ins kalte Wasser fallen lassen will).

Ich glaube wirklich, dass nach einem Unterricht in demokratischer Ethik und in Muttersprache der Unterricht in Wirtschaft der wichtigste Unterricht ist. Das begründet sich ausschließlich aus der Relevanz der Wirtschaft für das gesamte spätere Leben der Jugendlichen. Da heutzutage immer mehr Rentner arbeiten müssen, weil die Rente nicht mehr reicht, meine ich wirklich das ganze Leben. Andere Fächer haben diese Bedeutung in der echten Welt einfach nicht. Wie dramatisch das ist, habe ich so oft nachts erlebt, wenn ich alte Menschen in Berlin durch die Straßen ziehen sehe, um Flaschen zu sammeln. Wer sich mit denen einmal unterhält, merkt, dass die nicht faul waren, aber das Leben so teuer geworden ist, dass Rente und Zuschüsse einfach nicht mehr reichen.

Es wäre durchaus sinnvoll, den Wirtschaftsunterricht zu einem Pflichtfach zu machen und dafür den Kids in den anderen Bereichen deutlich größere Wahlfreiheit zu lassen. Zum einen weil es unsere Kinder sind und sie tun sollten, was ihnen Spaß macht, solange sie noch Kinder sind. Zum anderen ist es die Spezialisierung, die uns Menschen zu großem wirtschaftlichem Erfolg verholfen hat. Eine solche Spezialisierung nach den Interessen der Jugendlichen würde ebenfalls viel besser das spätere Leben, als auch die ökonomische Realität widerspiegeln.

Ich zum Beispiel habe mich auf den Musikunterricht spezialisiert. Der findet einmal die Woche für eine Stunde statt. Dabei lässt sich fast nichts tiefer gehendes vermitteln. Nur indem ich viele meiner Pausen opfere und mich mit den SuS zusammensetze, die Musik (ernsthaft) machen wollen, schaffe ich es, denen zu echten Fortschritten zu verhelfen. Ich tue das gerne, finde es aber unangemessen, es de facto als unbezahlte Mehrarbeit machen zu müssen. Könnten diese Jugendlichen Musik frei wählen, sagen wir mit sechs Wochenstunden, dann könnten wir wirklich einen Prozess initiieren, der ihnen die Kompetenzen vermittelt, mit denen sie später auf dem (harten) Musikmarkt überleben könnten. Ich möchte hier anfügen, dass Musiker oder Musikerin zu sein, bedeutet, täglich mindestens fünf, tendenziell mehr Stunden zu üben, falls man die Standards des professionellen Marktes erreichen will. Mit einer Stunde pro Woche kann ich keinem dieser jungen Menschen helfen, sich seinen oder ihren Traum zu erfüllen.

Diese Idee widerspricht natürlich dem, wie Schule heute funktioniert. Da haben wir eine feste Stundentafel, die fast überall im Land identisch ist. Die ist voll mit bestimmten Inhalten, von denen wir glauben, dass sie nötig sind, um ein Allgemeinwissen zu erlangen. Ich will hier gar nicht leugnen, dass gewisse Fähigkeiten (das Wort klingt schöner als das Wort Kompetenzen, meint mit meiner deutschen Zunge aber das gleiche) in der Grundschule essentiell vermittelt werden müssen. Aber ich leugne, dass es immer noch so etwas wie ein das ganze Volk verbindendes Allgemeinwissen gibt, wie es früher einmal der Fall war.

Die Idee des Allgemeinwissens stammt aus einer Zeit vor der digitalen Wende. Heute entsteht neues Wissen in einer Geschwindigkeit, die noch vor hundert Jahren unvorstellbar gewesen wäre. Deshalb ist es nicht nur unsinnig, einen relativen Umfang an Wissen zu definieren, der für alle verbindlich sein sollte, es ist sogar gefährlich, weil es ineffizient ist. Dass es immer noch bestimmte Dinge gibt, die alle Jugendlichen lernen müssen, damit unser Land funktioniert, ist logisch. Das ist zuerst die demokratische Ethik, dann die Muttersprache auf höchstmöglichem Niveau und dann zu wirtschaften (wozu auch Englisch als erste globale Wirtschaftssprache zählt), aber alles andere ist unnötig und nicht sinnvoll, um es in einen landesweiten Kanon aus festgelegtem Allgemeinwissens aufzunehmen.

Letztens las ich ein Interview von einem pensionierten Lehrer. Es war tatsächlich einigermaßen interessant. An einer Stelle sagte er, dass sich gewisse Dinge nie ändern werden, etwa der Satz des Pythagoras in der neunten Klasse. Da sind bei mir die roten Leuchten angegangen. Dass es nötig ist, dass Kids lernen mit mathematischen

Formeln zu arbeiten, macht Sinn; obwohl auch hier die Computer uns immer mehr im Berufsalltag die Arbeit abnehmen. Aber wo bitte ist der allgemeingültige Sinn, sich vertiefend mit dem Satz des Pythagoras zu beschäftigen?

Das man diesen Satz einmal jedem SuS vorrechnet, kann ich schon noch verstehen. Aber sich intensiver damit zu beschäftigen, ist sinnbefreit und weltfremd. Ich habe bisher in meinem ganzen Leben kein einziges Mal diese Formel anwenden müssen. Was ich stattdessen gebraucht hätte, wäre die Berechnung des Zinseszinses für mein Aktien-Portfolio oder dem Umgang mit Steuern. Leider wurde auf letzteres in meiner Schulzeit deutlich weniger Wert gelegt, als auf den Satz des Pythagoras, den ich noch immer auswendig kann, obwohl ich ihn bisher kein einziges Mal anwenden musste, seitdem ich die Schule verlassen habe.

Wozu ist Schule da? Was will Schule erreichen? Alle sagen, Schule will fürs Leben vorbereiten. Aber wer von uns hat jemals den Satz des Pythagoras oder die mendelschen Vererbungsregeln gebraucht? Das man die mal nennt, finde ich gut. Aber wo ist bitte deren lebenspraktische Relevanz? Damit will ich überhaupt nicht behaupten, dass es keine wissenschaftlichen Erfindungen außerhalb der Wirtschaft gibt, die wichtig sind. Es gibt eine Menge. Besonders im Bereich der Technik gäbe es viele, die verstanden werden müssten, um unser heutiges Zeitalter zu verstehen.

Ein Großteil stammt aus den letzten fünfzig Jahren und ein tieferes Verständnis dieser Erfindungen könnte uns volkswirtschaftlich wirklich nach vorne bringen; etwa wenn unsere Jugend mehr Innovationen auf dem Gebiet der Chipherstellung und Energiegewinnung machen würde oder anders gesagt, etwas dagegen tun würde, dass wir in der EU immer mehr zum schwachen Mittelfeld in den Sektoren neuerer Technologien werden. Mit Rückblick in die Geschichte, als Europa zum technisch innovativsten Kontinent aufgestiegen ist und dem Vergleich mit heute, wäre das höchst wünschenswert. Allerdings glaube ich, die Grundlage dazu würde viel besser mit einem großen Anteil an Wahlunterricht gelegt werden, als mit einem breiten Unterrichtsangebot, dass im Endeffekt oberflächlich bleibt.

Ich will nicht leugnen, dass ich den Glauben an das Standard-Curriculum, welches wir in den Schulen nutzen, verloren habe. Es passt einfach nicht zur Realität, in der wir leben. Indirekt bin ich dazu verpflichtet, meinen Schülern und Schülerinnen zu erzählen, dass sie die Inhalte aus der Schule brauchen, aber sorry liebe Politik, das ist Mumpitz. Dieses Essay schreibe ich mit dem Ziel, dass wir mit dem WU wirklich wieder etwas vermitteln, was im echten Leben sinnvoll ist. Ich leugne dabei übrigens nicht, dass sie die Grundfertigkeiten brauchen, welche sie bis zum Ende der fünften Klasse vermittelt bekommen. Daran würde ich nichts ändern, aber ich bin auch kein Grundschullehrer und vielleicht würde eine Grundschullehrerin das anders sehen. Dennoch die Grundfähigkeiten sind essentiell.

Aber ab Klasse sechs, warum nicht: Drei Hauptfächer und der Rest ist Wahlunterricht. Wahl heißt übrigens nicht, dass man seine Wahl nicht ändern kann. Viele Schulen, die ich kenne, bieten Wahlunterricht an. Abgesehen von dem begrenzten Angebot, welches die SuS wirklich interessiert, bedeutet Wahl dort oft eine jahrelange Verpflichtung. Das widerspricht dem Wahlcharakter und dem Prinzip der Freiwilligkeit. Sie sollen auch wechseln dürfen, aber sobald die SuS einen Weg gewählt haben, darf der LuL da schon anständig Druck machen. Denn ohne Druck geht es nun einmal nicht, das wissen alle Musiker, die sich täglich zwingen, stundenlang zu üben.

Ein solcher Wahlunterricht ist schwer mit der heutigen Konzeption des Lehrberufs umsetzbar. Auch diese stammt aus einem vergangenen Jahrtausend, welches ebenso ein vergangenes Zeitalter ist. Das aktuelle Modell beruht auf dem Konzept des Fachlehrers. Am häufigsten findet sich die fachwissenschaftliche Ausbildung mit zwei Fächern. Diese kann kaum ein großes Wahlangebot abdecken, noch die ständigen Entwicklungen in der Welt der Wissenschaft widerspiegeln. Wie gesagt, an anderer Stelle habe ich schon begründet, warum dieses alte Modell zu Gunsten eines Konzepts der Lehrkräfte als Lernexperten aufgegeben werden sollte. Dieses würde den Anforderungen des neuen Zeitalters um ein Vielfaches besser gerecht werden.

6

Zu viele Menschen haben Vorurteile gegenüber der Wirtschaft. Sie glauben, es ginge dabei nur darum die Habgier zu befriedigen oder andere auszubeuten. Damit enden die Vorurteile gegen die Wirtschaft leider nicht, etwa geht es weiter mit der urbanen Legende, dass nur der reich werden kann, der viel erbt oder Beziehungen hat. All das ist Quatsch. Natürlich gibt es Arschlöcher, die reich sind, aber es gibt auch arme Arschlöcher. Ich denke, die Quote an Arschlöchern ist unter Armen und Reichen relativ gleich verteilt; nur dass natürlich das reiche Arschloch mit seinem

Geld mehr Schaden anrichten kann. Auch die Legende, dass man reich geboren werden muss, um reich zu werden, zerplatzt, sobald man recherchiert. Denn weit mehr als die Hälfte der heutigen Reichen sind Leute, die nicht aus der Oberschicht entstammten; sondern sich mit Fleiß, Glück und Verstand nach oben gearbeitet haben.

An dem letzten Punkt setzt auch dieses Essay an, dessen Untertitel lautet schließlich: Kinder reich machen. Dieser überwiegende Teil an Reichen hat sich seinen oder ihren (oder was für Geschlechter es sonst noch so geben soll, komme da nicht mehr hinterher) Reichtum erarbeitet. Also diese Leute haben es mit einer bestimmten Fähigkeit und/oder Wissen zu Reichtum gebracht und genau das ist das, was wir unseren Kinder beibringen müssen, wenn wir wirklich soziale Gerechtigkeit herstellen wollen. Denn mit Goethe, Mendel und Mozart tun wir nichts gegen Armut, aber mit dem knallharten Wissen, wie ein Unternehmen aufgebaut, gemanagt und zum Erfolg geführt wird, schaffen wir eine Basis für soziale Gerechtigkeit, indem wir allen das Wissen und die relevanten Fähigkeiten mitgeben, um im Leben finanziell erfolgreich werden zu können.

Jugendliche lieben Fußballstars und sie bewundern erfolgreiche Sängerinnen oder Rapper. Wenn man sie fragt warum, dann weil sie reich und berühmt sind. Stellt man sie vor die Wahl zu fragen, was wichtiger ist: Reichtum oder Berühmtheit; werden sie sicherlich sagen, dass man mit Berühmtheit reich wird (zB. auf Instagram). Also am Ende bleibt als Grund der Reichtum, was sie an ihren Idolen bewundern. Viele Jungs gehen regelmäßig zum Training, weil sie hoffen, später Fußballer werden zu können, um damit reich zu werden. Das ist nicht nur bei uns so, sondern es ist auch das häufigste Motiv in wirtschaftlich weniger erfolgreichen Ländern in Afrika und Südamerika. Leider ist dieser Glaube ein großes Problem.

Jugendliche verstehen unter Fußballern, Rappern und Reality Stars den Inbegriff für Reichtum. Extrem viele von ihnen glauben wirklich, dass es der einzige Weg ist, um reich zu werden. Jedem, der die Welt der Wirtschaft kennt, dem wird klar, dass solch eine Sicht dramatisch ist. Wenn man nämlich genau hinguckt, dann ist es die Gruppe der Unternehmer(innen), die am häufigsten reich wird und auch die Rapper, Sportler und Reality Stars, die am meisten Geld verdienen, haben das mithilfe ihrer Unternehmen geschafft und selten mit ihrer Kunst selbst. Das wissen die meisten Kids nicht nur nicht, sondern sie verstehen und fühlen es auch nicht. Schule hätte die Pflicht, ihnen die Wahrheit zu sagen. Meines Wissens tut sie das nicht, stattdessen lässt sie die Jugend mit dieser Lebenslüge weiterleben, weil sie lieber über Goethe redet oder solche Matheaufgaben, wo es darum geht, wie viele Äpfel übrig bleiben, wenn man fünf Prozent aus einem zehn Kilo Apfelkorb herausnimmt (gähn).

Reich werden, darf nicht das höchste Lebensziel sein. Das wäre traurig. Dennoch darf es zu einem der Wichtigsten werden, solange man nicht vergisst, dass es wichtigeres als Geld und Besitz gibt. Die Wahrheit ist einfach, dass wir Geld fürs Leben brauchen. Das ist nicht nur bei uns im Kapitalismus so, sondern ist auch im Kommunismus und unter merkantilistischer oder religiöser Wirtschaft so. Deswegen bewundert es unsere Jugend, wenn es jemand geschafft hat, reich zu werden. An sich ist das auch nicht schlimm. Denn Kinder brauchen Vorbilder und es ist voll annehmbar, wenn sie sich Leute zum Vorbild nehmen, die viel Geld verdient und Besitz erworben haben. Denn es heißt, dass sie versuchen werden, es ihnen nachzumachen.

Wir als Schule sind in der Pflicht, ihnen wirklich zu vermitteln, wer in der Welt finanziell erfolgreich ist. Ob man diese Leute mag oder nicht; aber es sind die Manager der größten Hedgefonds, bzw. die CEOs der Firmen, die diese Hedgefonds verwalten oder die aus den Dow Jones Unternehmen, die es ökonomisch weiter gebracht haben als die großen Fußballstars; definitiv sind sie einflussreicher und mächtiger als die besten Fußballer. Dennoch kennen die meisten Jugendlichen keinen einzigen dieser Manager, aber dafür dutzende Fußballer. Ist das gut? Nein, denn es erhöht aus mehreren Gründen die Wahrscheinlichkeit, dass diese Kids später finanziell straucheln werden.

In Deutschland ist es verpönt, offen über den Reichtum von Geschäftsmännern zu sprechen, aber das Gehalt der Fußballer zu bewundern. Nun ist es aber so, dass es vielen eher möglich wäre, ein Geschäft erfolgreich zu führen, als zu einem nationalen Fußballheld aufzusteigen. Leider schweigen wir über dieses Thema und verhindern so, dass das kollektive Wissen unseres Volkes zu den Themen Finanzen, Unternehmensführung und Einnahmen durch Kapitalerträge weiter steigt und so auch nicht „implizit" auf die nächste Generation übertragen wird. Und mag man mich jetzt hassen dafür: Unsere Jugend wird nicht reich werden, wenn sie wissen, wer in welchem Fußballverein spielt.

Kinder wollen reich sein und um in der Welt sich seine oder ihre Wünsche erfüllen zu können, braucht man Reichtum oder mindestens Wohlstand. Jemand der Hunger leidet und auf dem Feld schuften muss, kann sich schließlich schlecht ein tolles Leben aufbauen. Das gilt besonders für die vielen Kinder weltweit, welche zur Kinderarbeit gezwungen werden. Reich werden zu wollen, ist gut. Unsere Welt ist auf kapitalistischem Reichtum aufgebaut. Kritiker werden dem vehement widersprechen, aber es war unsere wirtschaftliche Entwicklung, die dafür gesorgt hat, dass wir heute keine Hungersnöte mehr haben und es war der Kapitalismus, der das Innovationskapital bereitgestellt hat, für die medizinischen Fortschritte, die Krankheiten geheilt haben, die vorher eine unheilbare Plage waren.

Dass Reichtum auch negativ sein kann, liegt daran, dass (fast) alles negative Seiten hat. Es gibt nichts in der Welt, dass nur positiv und gut ist. Aber genau deswegen haben wir einen Geist, um zu untersuchen, was sich zum Guten auswirkt und was besser zu unterlassen ist. Deswegen ist der Kapitalismus per se auch nicht schlecht. Er hat so viele gute Dinge erschaffen, mehr Menschen aus Armut, Elend und Hunger befreit, als jedes andere System zuvor, aber er hat natürlich auch Schattenseiten.

Per se gibt es so etwas wie „den Kapitalismus" nicht. Es ist nur ein Kampfbegriff einiger politischer FanatikerInnen, die ihn bekämpfen wollen, aber fast immer keinerlei Ahnung von Wirtschaft haben. Hier müssen natürlich besonders die Linken erwähnt werden, die pausenlos gegen ihn hetzen. Überraschenderweise war es ein Linker, der das größte Wirtschaftsverbrechen aller Zeiten begangen hat. Die Rede ist natürlich von Mao TseTung, der mit dem großen Sprung nach vorn definitiv mehr als fünfzehn Millionen Menschen vorsätzlich umgebracht hat und das ist nicht das einzige Wirtschaftsverbrechen der Linken, bei dem Millionen Menschen gestorben sind.

Wenn schon gibt es viele Arten von Kapitalismen, aber vielleicht können wir den Begriff eher als ein Synonym für Marktwirtschaft an sich verstehen. Unser Kapitalismus in Deutschland ist der Rheinische Kapitalismus. Es ist ein kapitalistisches Modell, das in den letzten Jahrzehnten äußerst effizient gewirtschaftet und zugleich stark sozial gerecht agiert hat Aber zurück zu unserer Jugend:

Sie wollen reich werden. Denn es fühlt sich gut an, reich zu sein. Nur wir bringen ihnen in der Schule nicht bei, wie das geht, genauso verhelfen wir ihnen nicht dazu, echte ökonomische Erfahrungen zu sammeln. Aber das lässt sich ändern. Lasst uns eine Bewegung starten, um Wirtschaft endlich zu einer Hauptsäule unserer staatlichen Schule zu machen. Denn wenn wir das schaffen, dann erhalten endlich alle Schüler und Schülerinnen aus allen sozialen Schichten eine faire Chance, sich ihren Wohlstand erarbeiten zu können.

7

Nennt mich einen Ketzer und verbrennt mich auf dem Scheiterhaufen, aber ich würde ab Klasse sechs den Mathematikunterricht als Pflichtfach abschaffen und durch Wirtschaftsmathe ersetzen. Ihr habt richtig gehört, ich will Mathe abschaffen. Um es gleich zu relativieren, ich will Mathe nicht komplett abschaffen. Aber angesichts der Weltlage oder anders gesagt der Marktlage erfüllt der verpflichtende Matheunterricht keine Grundbedürfnisse, deshalb reicht es völlig aus, ihn ins Wahlprogramm zu verbannen; also jene Fächer, welche die Kids zu ihren Pflichtfächern nach eigenem Gusto hinzuwählen können.

Wenn ich mir den Wirtschaftsunterricht als Pflichtfach vorstelle, dann gehe ich von mindestens sechs Stunden pro Woche aus. Diese können fest oder frei wählbar eingeteilt werden. Ein Teil könnte Wirtschaftsmathe sein. Natürlich wird heutzutage - ganz ähnlich wie für den regulären Matheunterricht – in der echten Wirtschaft extrem viel mit dem Computer und dabei mehr und mehr von künstlicher Intelligenz abgearbeitet. Dennoch müssen es die Kids lernen, um es verstehen und gezielt einsetzen zu können.

Ich esse zwar kein Fleisch, aber an dieser Stelle will ich eine heilige Kuh schlachten. Eigentlich will ich eine ganze Herde heiliger Kühe schlachten, aber ich mach das hier mit nur einer vor und ihr dürft es dann auf die anderen Themen übertragen. Ich denke dabei an die „beliebten" Sinus, Cosinus und Tangens. Es geht wieder einmal um die Frage, wozu ich dieses Wissen im echten Leben brauche?

Nachdem ich einige Zeit nachgegrübelt habe und mir nichts eingefallen ist, habe ich ein AI Sprachprogramm befragt. Also um ehrlich zu sein, ist mir doch noch ein Beispiel eingefallen, wo einmal in meinem Leben Sinus vorkam. Nämlich beim Musik machen (Techno und Hip-Hop) auf meiner DAW am PC. Da kann man Sinus in einem digitalen Synthesizer einstellen, um den Sound zu modulieren. Aber zurück zu der Antwort der AI, weil mir sonst nichts eingefallen ist.

Die AI hat mir natürlich Antworten geliefert, aber die befanden sich alle in wissenschaftlichen Fachrichtungen wie

Physik, Ingenieurswesen oder in der Astronomie, um die Flugbahn eines Planeten mit einer Kosinuskurve zu modellieren. Das sagt genug über die Alltagstauglichkeit aus oder wie oft modulierst du die Flugbahn der Planeten mit einer Kosinuskurve? Zusammengefasst: Es hat keine Relevanz für unser normales Leben.

Um fair zu sein, habe ich die AI auch befragt, wie uns Wirtschaftsmathe im Alltag helfen könnte. Dabei teilte mir das Programm mit, dass es mir helfen könnte, meine Kosten zu minimieren, Gewinne zu maximieren und die Risiken zu reduzieren. Es fügte dann noch hinzu, dass es wichtig ist für alle, die sich mit Geld, Investitionen, Krediten, Steuern und Versicherungen beschäftigen; also für alle die nicht bankrott gehen wollen.

Die AI liefert uns hier eine klare Gegenüberstellung. Ich meine: Ich will den Wirtschaftsunterricht und meine Argumente hätten natürlich nur Vorteile aufgezählt. Aber ich war fair und habe eine AI befragt. Die Antwort bezogen auf die echte Relevanz für das tägliche Leben war so groß und eindeutig, dass es schon grob fahrlässig von einer PolitikerIn wäre, nicht sofort allen Matheunterricht ab Klassenstufe sechs abzuschaffen und Wirtschaftsmathe stattdessen einzuführen.

Wozu bringen wir unseren Kids Dinge in der Schule bei, die weder eine große Relevanz haben, noch eine hohe Wahrscheinlichkeit besitzen, im späteren Leben der Kids eine Rolle zu spielen? Diese Frage ist wichtig und zwar weil sie uns Lehrer und Lehrerinnen immer öfter gestellt wird. Ich weiß nicht, was meine KollegInnen darauf antworten. Ich weiß, was wir als Lehrkräfte antworten sollen, aber ich weiß dieses Blablabla wird nichts daran ändern, dass sie viel davon einfach niemals brauchen werden und zugleich die kognitiven Kompetenzen, die sie erwerben, wenn sie sich mit diesen Themen beschäftigen, auch mit Themen erreicht werden könnten, die für ihre Zukunft deutlich relevanter wären, etwa den Themen aus dem Wirtschaftsunterricht.

Jemand hat einmal gesagt, die stärkste Macht im Universum ist der Zinseszins. Ich finde echt, das ist eine bemerkenswerte Aussage. Ich wünschte, mir hätte man das in meiner Schulzeit beigebracht. Ich hätte dann definitiv versucht, mir ein Konto einzurichten, um diese Macht zu nutzen. Leider wurde es mir niemals in der Schule so beigebracht, dass ich verstehen konnte, wie ich mein Geld langfristig für mich arbeiten lassen kann.

Natürlich haben wir uns mit Zinsen beschäftigt. Dabei ging es indirekt auch um Geld, aber das waren wieder diese typischen Matheaufgaben, die so lebensfremd sind, wie die: Lena hat zwölf Äpfel und gibt vier ab. Wie viel Prozent hat sie noch. So etwas hat in den über zwanzig Jahren seitdem ich die Schule verlassen habe, keine Rolle gespielt und während meines damaligen Mathematikunterrichts gab es sehr viele solcher Aufgaben. Hingegen diese einfache Aufgabe aus dem Wirtschaftsmathe: Lena möchte einen Kredit über 10K Euro aufnehmen, um sich was cooles zu kaufen mit einem Zinssatz von 5%, den sie monatlich tilgen muss. Wie hoch ist ihre monatliche Rate, wenn sie den Kredit in vier Jahren abbezahlt haben möchte.

Diese zweite Aufgabe hat sich mir in meinem Leben mehrmals gestellt. Ich bin sehr vorsichtig beim Aufnehmen von Krediten. Aber ich weiß, dass ich so komische Apfelmatheaufgaben gut beantworten kann, weil wir es in der Schule hatten. Aber einen Kredit und die monatliche

Tilgungsrate hatten wir nicht und es fällt mir nicht nur schwer, das zu berechnen, sondern es fühlt sich auch nicht natürlich an, das zu berechnen, weil es mir in der Jugend nicht vermittelt wurde.

Jeder Schüler und jede Schülerinnen wird in seinem oder ihrem Leben an einen Punkt kommen, wo sie sich über die Aufnahme von Krediten Gedanken machen müssen. Das werden nicht nur die großen Kredite für Haus- und Autokauf sein, sondern auch die kleinen für ein Handy und noch öfter werden sie ihr Bankkonto überziehen, entweder weil sie keinen Überblick haben oder weil sie nur so ihre notwendigsten Rechnungen bezahlen können. Hätten wir ihnen in der Schule die Kompetenz beigebracht, mit der Kredite (also der Aufnahme, dem Vergleich von Kreditanbietern, der Rückzahlung usw.) besser gesteuert werden können, prognostiziere ich, dass wir heute eine deutlich geringere Verschuldung der Privathaushalte hätten. Die Schulen haben es nicht getan und wir tun es noch immer nicht. Stattdessen sehen wir entspannt zu, wie die nächste Generation blutig ins (Finanz)Messer läuft.

Wenn wir den Kids nicht nur nicht beibringen, wie sie reich werden, etwa in dem wir ihnen die Skills fürs Unternehmertum mitgeben und ihnen nicht zeigen, wie sie Kapitalerträge erwirtschaften. Sondern wenn wir ihnen auch nicht beibringen, wie sie mit den basalen Aufgaben in der Realwirtschaft solide (ich sage noch nicht mal gut, sondern bewusst nur solide also mittelmäßig); also wenn wir ihnen nicht mal das als Schule mitgeben, dann ruinieren wir sie, bevor sie überhaupt richtig ins Leben gestartet sind. Es wird Zeit, dass wir endlich unsere Verantwortung ernst nehmen.

Was spricht für Wirtschaftsmathe und was spricht für das allgemeine Mathe. Beide vermitteln die Kompetenz mit Zahlen umzugehen. In beiden Fächern lernen die SuS mit Zahlen, Formeln und Operationen richtig zu arbeiten. Sie erwerben in beiden den Umgang mit Daten, Häufigkeiten und Wahrscheinlichkeiten. Sie lernen in beiden mit Modellen zu arbeiten, mathematisches Problemlösen, als auch wie sie die Probleme und ihre Lösungen darstellen und kommunizieren. Von dieser Perspektive aus gesehen, macht es überhaupt keinen Unterschied, ob wir allgemeines Mathe oder Wirtschaftsmathe anbieten. Aber es gibt dennoch zentrale Unterschiede.

Zuerst einmal ist die Wirtschaft viel bedeutender als die Mathematik an sich. Sie hat einen so großen Einfluss auf die gesamte Menschheit, dass es nicht viele Phänomene gibt, die gleich bedeutend oder bedeutender für uns Menschen sind. Das allein schon macht Wirtschaftsmathe dem allgemeinen Mathe weit überlegen. Von dieser Position aus gesehen, ergibt sich der schon mehrmals erwähnte deutlich relevantere Lebensweltbezug.

Kapitalerträge haben im Verhältnis zu den Erträgen aus Arbeit massiv zugenommen. Ich glaube ihr Verhältnis hat sich in den letzten Jahrzehnten vervielfacht. Dieses Thema wird gut durch Wirtschaftsmathe abgedeckt, etwa in der Finanzmathematik, wo sich die Modelle der Finanzmärkte angeguckt werden und Finanzinstrumente wie Aktien, Anleihen und Derivate, für die ganz Schlauen dann natürlich auch die ganzen Hebel, behandelt werden. Was hat dagegen die Mathematik im Angebot?

Grundrechenarten, Statistik, Gleichungen, Formeln und auch Prozent- und Zinsrechnung können wunderbar im

Wirtschaftsunterricht vermittelt werden; genauso gut wie bisher in Mathe. Aber kann eine von uns noch glauben, dass Mathe einen relevanten Lebensweltbezug herstellen kann. Ich meine, mittlerweile ist die Weltfremdheit der Aufgaben in Mathe zu einem Witz unter Stand-up Comediens und zu einem Online Meme geworden.

Wozu brauchen wir etwas, wenn etwas anderes dasselbe genauso gut kann und noch zusätzlich mehr tut, und genau das beschreibt das Verhältnis zwischen Wirtschaftsmathe und Mathematik. Sind wir nicht die Deutschen und bekannt für unsere Effizienz? Wir sind seit langem so erfolgreich, weil wir so viel Wert auf hohe Bildung legen. Das macht uns seit Jahrhunderten erfolgreich und Wirtschaftsmathe ist so extrem wichtig für unseren zukünftigen Erfolg als Volk und Nation, als auch für die nächste Generation.

8

Nehmen wir an, wir geben dem Wirtschaftsunterricht sechs Stunden pro Woche. Was ich für eine angemessene Anzahl an Stunden halte angesichts der Relevanz der Ökonomie. Doch das bedeutet nicht, dass sie alle nach den gleichen Grundmustern ablaufen müssen. Es kann Unterschiede in den Jahrgangsstufen als auch Jahrgangsübergreifend geben. Die Wahl, die wir treffen können, insofern wir wirklich kompetent sind, Unterricht zu gestalten, ist, ob wir die Stunden fest für unsere SuS einteilen wollen oder ob sie selbst wählen dürfen.

Freiheit erfordert deutlich mehr Selbstdisziplin, damit sie langfristig so effizient funktioniert wie ein Zwangssystem. Das ist leider die harte Realität. In der globalen Wirtschaft war deshalb das System des demokratischen Kapitalismus das effizienteste, weil es ein so begehrtes Token gab, dass die Menschen diszipliniert hat, alles zu geben und über sich hinauszuwachsen. Dieses Token ist natürlich das Geld.

In der Schule haben wir Zensuren, als solch eine Art Token eingesetzt. Leider versagen sie immer häufiger, was nicht heißt, dass es nicht immer noch eine Gruppe an SuS gibt, die alles für gute Zensuren tut. Nun ist es natürlich möglich, innerhalb der Schule Projekte zu installieren, die tatsächlich Angebote (Dienstleistungen, Produkte) auf dem echten Markt außerhalb der Schule anbieten könnten, um Geld zu verdienen. Etwas was ich sehr gut fände, was auch schon geschieht, wenn auch meist wenig erfolgreich, weil den Kids nicht genug über Wirtschaft (Marketing, Vertrieb) beigebracht wird.

Haben die Kids hohe Selbstdisziplin, können sie sich ihre sechs Stunden Wirtschaft selbst zusammenstellen. Und ja es ist und muss möglich sein, unserer Jugend auf anständige Art und Weise ein hohes Maß an Selbstdisziplin beizubringen und anschließend darauf aufbauend einen selbstgesteuerten Unterricht zu initialisieren. Aber verfügen sie nicht über die Fähigkeit der bewussten Selbststeuerung, dann ist es besser, ihnen alles vorzugeben, um das zu vermeiden, was wir dieser Tage epidemieartig an Berliner Schulen erleben.

Ich bin ein Fan des Pragmatismus und ziehe ihn jedem Dogma vor. Weder linke noch rechte Dogmen werden uns zu einer besseren Schule verhelfen. Allerdings sind das die

Triebkräfte, die unsere Schullandschaft gestalten. In großen Städten wie Berlin sind es die Linken, und auf dem Land und in Bayern die rechten Ideologien, die alles gestalten. Festzustellen ist zwar, dass die Linken noch ineffizienter sind und sie die Schulen etwa in Berlin über den Rand der Belastungsgrenze getrieben haben, aber ich lehne beide ab. Pragmatismus ist das, was Schule braucht und ich glaube sie ist auch das, was Unternehmen erfolgreich macht.

Mit Pragmatismus bezeichne ich die Einsicht, dass ich grundsätzlich unveränderliche Prinzipien oder Regeln ablehne und mich an dem orientiere, was funktioniert und moralisch vertretbar ist. Deshalb sind alle meine Vorschläge zur Gestaltung eines sechs stündigen Wirtschaftsunterrichts nur ein Gedankenanstoß; denn erst in der Praxis kann sich zeigen, was den größten Effekt auf unsere Kids hat. Das ist nicht nur eine billige Ausrede, weil ich keine feste Position beziehen will, denn die beziehe ich ja, indem ich viele Pflichtfächer zugunsten des reinen Wirtschaftsunterrichts abschaffen und zu reinen Wahlfächern degradieren will, damit Schule endlich wieder echten Lebensweltbezug für die nächste Generation herstellt.

Wie dieser Wirtschaftsunterricht sich aufteilt, kann ich an dieser Stelle nicht festlegen. Denn das hängt von vielen Faktoren ab. Ein Beispiel könnte die Region sein. In Berlin macht es Sinn den Schwerpunkt auf Dienstleistungen oder auch die Start-up-Branche inklusive Fintech zu legen, aber in ländlichen Regionen kann gern viel darauf ausgerichtet werden, eine finanziell lohnenswerte Landwirtschaft zu etablieren, die sich zugleich den neuen Marktbedürfnissen (Vegan, Bio) anpasst, als auch die technischen Innovation besser in die Betriebe einbringt und ihnen solch schöne und sinnvolle Gimmicks wie Marketing beibringt, um so den Nachwuchs der Bauern und Bäuerinnen zu sichern, als auch den Ruf der Landwirtschaft zu verbessern und Nebenerwerbe auf Grundlage ihrer Kernbranche zu erschließen.

Weg von diesem Beispiel und hin zur Frage, welche Teile der WU umfassen muss? Ich habe vorher bereits über die Wirtschaftsmathematik geredet und sie sollte eine Säule des WU werden. Daneben gibt es natürlich noch die Bereiche der Unternehmensführung und im allgemeinen die Karriereplanung – letzteres bitte nicht so wie bisher in BO, was einfach unterirdisch ist. Daneben gibt es aber auch noch die Themenbereiche der Wirtschaftsgeschichte und das Wirtschaftsenglisch. All das lässt sich selbstverständlich dann in verschiedene Unterthemen aufgliedern, etwa bei den Wirtschaftsformen lässt sich die Volks- und die Weltwirtschaft, als auch die Betriebs- und Hauswirtschaft unterscheiden. Ebenso lässt sich spezifisch und genau auf die Lieferketten oder Chain of Custody und solche Dinge wie den komparativen Vorteil eingehen.

Die Fächer Englisch und Geschichte gibt es aktuell im Pflichtunterricht in allen Schulen, wobei Geschichte immer häufiger zu einem kruden Mischfach namens GeWi zusammengeschmolzen wird. Im Geschichtsunterricht gibt es mehrere dominierende Sichtweisen. Dazu zählen die Militär-, bzw. Kriegsgeschichte und natürlich die Sozial.- und Politikgeschichte. Diese Betrachtungsweisen herrschen aktuell vor, aber ich finde, dass sie die entscheidenden Faktoren der Weltgeschichte nicht so treffend erfassen wie die Wirtschaftsgeschichte.

Ähnlich denke ich über Englisch. Verurteilt mich, aber unsere Mutter-(oder Vater)sprache ist a posteriori wichtiger als das Lernen einer Fremdsprache. Wer trotzdem gerne Französisch oder welche Sprache auch immer lernen will, kann das gerne freiwillig wählen. Aber als Pflichtfach halte ich es für überholt. Ich meine, wir machen Französisch, weil wir einst ewig einen Konflikte mit den Franzosen hatten. Aber dieser Konflikt ist längst überwunden und wir arbeiten heute in der EU als ein Team zusammen. Der Grund hat sich also erübrigt.

Zugleich spielt die deutsche Sprache in der Weltwirtschaft eine marginale Rolle. Ich liebe die deutsche Sprache. Nach vielen Jahren, in denen ich unterschiedliche Sprachen untersucht habe, glaube ich wirklich, dass die deutsche Sprache (auf hohem Niveau) die Eigenschaft besitzt, Dinge tiefgründiger zu ergründen als viele andere Sprachen. Doch um ökonomisch erfolgreich sein zu wollen, gibt es nur eine Sprache, die international bedeutend genug ist und als erste Sprache quasi den Rang einer Weltsprache erreicht hat.

Die Rede ist natürlich von der englischen Sprache und im besonderen meine ich das berühmte Business Englisch oder Wirtschaftsenglisch. Aktuell ist es die einzige Sprache, welche zu sprechen, für den ökonomischen Erfolg entscheidend ist. Deshalb sollte sie oder muss viel mehr verpflichtend im Wirtschaftsunterricht gelehrt werden.

Neben diesen drei Bereichen des Wirtschaftsunterrichts gibt es natürlich noch mehrere andere. Einer dieser Bereiche ist die Wirtschaftspolitik. Manche werden mir jetzt mit guten Argumenten widersprechen, aber im Endeffekt ist die Hauptaufgabe der Politik, der Bevölkerung die Tische (mit Gütern) und die Bücher der Unternehmen mit

Aufträgen zu füllen. Wirtschaftspolitik ist so relevant für die Stabilität unseres Staates, dass sie einfach unterrichtet werden muss.

Aktuell haben wir einen Wirtschaftsminister, der ernsthaft gesagt hat, dass die Unternehmen, wenn ihnen der Strom zu teuer wird wegen des Ukrainekrieges, einfach einige Zeit aufhören sollten zu produzieren. Dieser Satz ist das historische Pendant zu dem Satz der französischen Königin Marie Antoinette: Wenn sie kein Brot haben, sollen sie Kuchen essen. Er zeigt zwar die völlige Inkompetenz dieses Ministers, aber das größere Problem ist, dass unser Volk mittlerweile so wenig von Wirtschaft versteht, dass sie nicht auf die Barrikaden gegangen sind, um einen neuen Minister zu fordern (nebenbei gesagt, ich habe ihn gewählt und es bitterlich bereut).

Wir sind eine der führenden Wirtschaftsnationen der Erde. Dieser Erfolg beruht auf einem Momentum, das vor über hundert Jahren entstanden ist. Derzeit gibt es zum ersten Mal Stimmen, die proklamieren, dieses Momentum hätte sich erschöpft; was noch nicht einmal nach zwei verlorenen Weltkriegen passiert ist. Fragt man mich als Wirtschaftsdidaktiker nach dem Grund, dann ist meine Antwort logischerweise, dass wir derzeit im Verhältnis zum aktuellen Weltniveau ein wohl niedrigeres ökonomisches Verständnis besitzen, als jemals zuvor in der deutschen Geschichte der letzten hundertfünfzig Jahre. Anders gesagt: Früher hatten wir deutlich mehr Ahnung von Wirtschaft im Gegensatz zu unseren wirtschaftlichen Konkurrenten. Aber ist nicht die Wissensvermittlung die zentrale Aufgabe des Schul- und Ausbildungssystems?

Dieser Punkt macht meine Forderung nach einem verpflichtenden Wirtschaftsunterricht noch relevanter. Denn von ihm könnte der wirtschaftliche Erfolg unseres gesamten Staates abhängen. Indem die preußischen Fürsten als einige der ersten die Schulpflicht eingeführt haben, haben sie die Grundlage gelegt für den späteren Erfolg Preußens und Deutschlands. Angesichts der Inhalte, die heute in den Schulen unterrichtet werden, bzw. fehlen, habe ich den Eindruck, dass wir diese Wahrheit vergessen haben.

Ob wir wollen oder nicht, was wir in der Schule lernen, hat großen Einfluss darauf, wie glücklich und erfolgreich wir später im Leben werden. Wenn die Inhalte der Schule nicht dazu geeignet sind, glücklich und erfolgreich zu machen, haben wir ein Problem. Ich frage euch ganz ehrlich: Glaubt ihr, dass die Dinge, die wir unseren Kindern in den Schulen beibringen, garantieren können, dass sie glücklich und erfolgreich werden? Jede:r von uns muss sich diese Frage selbst beantworten. Aber wenn ihr wie ich nicht diesen Eindruck habt, dann seid ihr als verantwortliche Eltern dazu verpflichtet, etwas dagegen zu tun.

Sechs Stunden Wirtschaft und jeweils vier Stunden deutsche Heimatsprache und demokratische Ethik und den Rest der Fächer können unsere Kinder frei wählen. Das ist das, was ich ändern würde und von dem ich sage, dass es die Wahrscheinlichkeit signifikant erhöhen wird, dass die Dinge, die unsere Kids in den Schulen lernen, sie später glücklich und erfolgreich machen werden.

Ich selbst spezialisiere mich als Musiklehrer mit dem Schwerpunkt auf elektronische Musikproduktion mit dem Computer, sei es für Hip Hop oder EDM. Zugleich spiele ich ein halbes Dutzend Instrumente. Nehmen wir an, da wäre dieser Junge (könnte auch ein Mädchen oder LGBTQI+) sein und der findet raus, dass die Gitarre seine größte Liebe ist. Nehmen wir an, dieser Schüler müsste 32 Schulstunden absolvieren laut Gesetz. Davon würden 14 Stunden für den Pflichtunterricht aus WU, Deutsch und Ethik entfallen und die gesamten restlichen 18 Stunden würde er bei mir Musik haben. Diesem Jungen könnte ich genug beibringen, dass er später mindestens als Musiklehrer arbeiten kann und damit etwas tut, was er wirklich liebt und was ihn wirklich glücklich macht. Vielleicht studiert er ja auch Musik und komponiert dann für Filme, Werbung im Fernsehen oder wird erfolgreicher Musiker oder angestellt in einem der zahlreichen vom Staat finanzierten Orchester. In diesem Beispiel wäre der Junge, mit dem was er in der Schule gelernt hat, glücklich geworden, aber vor allem glücklicher als mit Goethe, Mendel oder dem Wissen über die zahlreichen Kriege der Menschheitsgeschichte.

Meine Planung wird wieder viele auf die Barrikaden treiben. Sie werden sagen, dass so unsere Jugendlichen viel wichtiges Allgemeinwissen nicht erwerben. Es stimmt natürlich, dass sie unbedingt verstehen müssen, dass unsere Erde ein Planet und keine Scheibe ist, wir gemeinsame Vorfahren mit den Menschenaffen haben und warum impfen so wichtig ist und von mir aus macht eine Stunde extra nur für Allgemeinwissen. Schließlich wollen wir nicht, dass sie sich später diesen VerschwörungstheoretikerInnen anschließen. Aber muss man dieses Wissen unbedingt im Regelunterricht vermitteln?

Ich denke, es wäre besser, diese wichtigen Inhalte mithilfe von Projektwochen und Exkursionen zu vermitteln. Wir können sie alles im Buch lesen lassen oder nette Videos zeigen, aber wenn sie ins nächste Naturkundemuseum gehen und dort an Beispielen sehen, wie sich die Evolution entwickelt hat und das vor Ort vertiefen, wird das Wissen sich tiefer verfestigen als in hundert Pflichtstunden NaWi.

Mir fallen wieder zwei Schüler ein, die sich durch all die ganzen Fächer in der Schule gequält haben. Der eine macht jetzt eine Ausbildung als Lagerist bei seinem Onkel. Der andere arbeitet beim Aldi die Straße runter. Beide arbeiten solide und motiviert (wirkt zumindest so). In der Schule wirkten sie immer unmotiviert, weil sie die Inhalte nicht interessierten, ehrlich gesagt, waren die beiden tendenziell Verhaltensauffällig. Wenn ich dann heute den Jungen an der Aldikasse sehe, dann traue ich ihm definitiv zu, eines Tages zum Filialleiter aufzusteigen. Der ist motiviert, lächelt immer und gibt sich Mühe, ganz anders als früher im Pflichtunterricht. Also warum haben wir die jahrelang mit Inhalten gefüttert, welche sie weder wollen, noch brauchen und deren moralische Relevanz auch eher bescheiden ist?

Lehrkräfte, die nach deren Schulzeit nie mit ihren SuS reden, werden sagen, dass sie ja all das Wissen haben und es vielleicht irgendwann mal anwenden können. Fakt ist, diese beiden Jungs haben nahezu alles vergessen, was wir ihnen beigebracht haben und damit sind sie nicht allein. Aber dieser Wahrheit muss sich eine Lehrkraft natürlich stellen.

Ich stelle mir vor, wir hätten diese Jungs wirklich auf ihre berufliche Zukunft vorbereitet. Es wäre möglich gewesen, in dem einen den Antrieb zu wecken, dass er eines Tages den Betrieb seines Onkels übernimmt und dem anderen die Karrierebatterien so aufzuladen, dass er noch vor dreißig das Ziel als Filialleiter ansteuert. Beides wäre möglich. Aber so waren sie nur zwei weitere von diesen Acht-, Neunt-

oder Zehntklässlern, die dasitzen und sich fehl am Platz fühlen, dafür viel mentale Energie investieren, alles was wir ihnen in den Kopf eintrichtern wollen, schnellstmöglich wieder zu löschen.

Wenn die Kids die Schule verlassen, werden sie in eine Welt gestoßen, in der sie vierzig Jahre alles für eine Karriere geben sollen (und müssen, weil die Welt tatsächlich so funktioniert). Aber darauf haben wir sie nur rudimentär vorbereitet. Schlimmer noch, wir haben in ihnen nicht die Erkenntnis geweckt, alles dafür zu geben, ihren Traum zu leben. Denn herauszufinden, was du liebst, hat mir einmal ein Ökonom verraten und dann zu überlegen, wie du damit Geld verdienst, dass ist der Weg ökonomisch glücklich zu werden.

Zurück zur Forderung: Wir brauchen den verpflichtenden Wirtschaftsunterricht. Wir dürfen unsere Kinder später nicht ins kalte Wasser der echten Welt werfen, ohne ihnen schwimmen beigebracht zu haben. Wir haben nicht nur die Pflicht, wir Lehrkräfte haben auch die Verantwortung. Wir können nicht länger an einem Schulsystem festhalten, dass aus einem Zeitalter stammt, dass es nicht mehr gibt. Denn wir sind weder in dem Jahrhundert, noch dem Jahrtausend, in dem das derzeitige Schulsystem erfunden wurde. Wir sind nicht einmal mehr in derselben Zeitepoche. Wir stehen am Beginn eines neuen Zeitalters. Das ist so viel größer als nur die Zeitenwende, die ein Politiker vor einiger Zeit verkündet hat. Es ist Zeit, dass wir aufwachen und uns anpassen. Denn wer sich nicht anpasst, wird untergehen und ertrinken!

9

Wir sind ein Volk. Leider haben wir aufgehört, das bewusst zu lehren. Das Wort Demos in Demokratie heißt übrigens Volk. Leider wird das Bewusstsein, Teil des Volkes zu sein, in unseren Schule nicht nachhaltig vermittelt. Das sage ich jetzt nicht nur als pathetisches Geschwafel. Es gibt in der Wirtschaftstheorie ein Konzept, welches sich genau damit beschäftigt. Es ist die Corporate Identity. Auf deutsch irgendwie als Unternehmensidentität übersetzt. Dieser Faktor ist ein entscheidender Wertschöpfungsfaktor.

Würde ein Kind wirtschaftlich später besser performen, wenn wir ihm in der Schule eine Corporate Identity im demokratischen Sinne vermittelt hätten? In unserem Fall wäre das übrigens die deutsche Identität und zwar ist sie hier als zentraler Wertschöpfungsfaktor der deutschen Wirtschaft gemeint. Anhand der Daten, die zeigen, wie enorm der Einfluss der Corporate Identity auf die Leistung ist, ist davon eindeutig auszugehen.

Meines Wissens steigert eine hohe CI nachweislich die Leistung und Produktivität der Mitarbeiter. Das kann ausschließlich zu dem Schluss führen, dass es auch die Produktivität der einzelnen Mitglieder eines Volkes erhöht, wenn sie eine hohe Corporate Identity besitzen. Um wieder nicht um den heißen Brei herumzureden: Es würde bedeuten, dass einem Kind, dem im hohen Maß ein Bewusstsein, Mitglied des deutsches Volkes und dessen wirtschaftlicher Dimension zu sein, vermittelt wird, wird es dadurch wahrscheinlich zu einer erhöhten wirtschaftlichen Leistung im späteren Leben dieses Kindes kommen.

Leider lässt sich diese Identität auch missbrauchen, aber davon rede ich hier nicht nur nicht, es ist auch das, was ich nicht will. Dieser Missbrauch muss verhindert werden, weil er wirtschaftlich, politisch und sozial desaströs ist. Und doch zeigt sich zugleich, dass eine Nation wie die USA deshalb so gut performt, weil sie mit Nachdruck in ihren Bildungseinrichtungen so viel Wert auf die Corporate Identity als US-Amerikaner(In) legt und sie tun das auf eine Art, die auch im hohen Maß Ausländer integriert oder vielmehr damit ansteckt. Historisch müssen wir an dieser Stelle einsehen, dass unsere extrem überdurchschnittliche Wirtschaftsleistung in den letzten zweihundert Jahren wesentlich auf der deutschen Corporate Identity begründet ist.

Stellen wir uns einen durchschnittlichen Busfahrer vor. Der fährt seine Touren und macht seinen Job null acht fünfzehn. Stellen wir uns jetzt denselben Busfahrer mit einer hohen, aber nicht ungesunden Corporate Identity als Deutscher vor, der die Ehre hat, für ein anständiges quasi staatliches Unternehmen zu arbeiten. Ich prognostiziere, er wird diese Touren mit viel mehr Überzeugung fahren. Die Fahrgäste werden es ihm ansehen und sich gut fühlen; denn in der Regel lösen selbstbewusste Menschen bei ihrem gegenüber Sympathie aus und ich glaube sogar, er würde entweder seltener krank werden oder sich bei Krankheit seltener krank melden.

Ich finde den letzten Punkt besonders interessant. Denn gerade lief durch den öffentlichen Rundfunk die Nachricht, dass letztes Jahr die Krankmeldungen in Deutschland auf einem Rekordniveau lagen. Meine These ist, dass diese durch einen erhöhten Wert in CI deutlich gesenkt werden könnte. Tatsächlich habe ich vor einiger Zeit in einem dieser vielen Online Magazine über Wirtschaft von einer Studie gelesen, die gemessen hatte, dass im aktuellen Deutschland das Zugehörigkeitsgefühl zu den jeweiligen Unternehmen besonders gering ausgeprägt ist. Dies würde natürlich meine These stützen und klar belegen, dass eine Corporate Identity den Grad der Produktivität steigert.

Bevor wir uns die Bedeutung des CI für die Schule angucken, schweife ich noch einmal kurz ab zu einem politischen Lager, das strikt gegen eine solche Corporate Identity zu einem bestimmten Volk ist. Es sind natürlich die Linken. Ich will hier ein verifiziertes Beispiel aus der Wirtschaftsgeschichte anführen.

Im sogenannten Sprung nach Vorne hatte Mao Zedong seine Wirtschaft so umgestellt, das bei dem Versuch mehr Stahl zu produzieren, 15 bis 55 Millionen Menschen (bis heute verhindert das kommunistische China die korrekte historische Aufarbeitung) verhungert sind. Zugleich gibt es Reden dieses Politikers aus dieser Zeit, wo er ganz explizit sagt, dass das Volk für den Fortschritt ein Opfer bringen muss. Dieses Beispiel ist einer der größten Massenmorde und das größte Wirtschaftsverbrechen der Geschichte unserer Spezies.

Dieser Mao Zedong zählt zu den Linken. Es sind die, die ständig über den unmoralischen Kapitalismus herziehen und den Deutschen gern ihre Identität verbieten wollen. Wie kann aber eine Gruppe, die das vielleicht schlimmste Wirtschaftsverbrechen der ganzen Menschheitsgeschichte vorsätzlich verursacht hat, sich anmaßen andere zu moralisieren? Vor allem dann wenn dieses Verbrechen kein

Einzelfall ist, wie der Holodomor in der Ukraine beweist, der genauso vorsätzlich und links war.

Zurück zur Schule: Hat die Corporate Identity auch einen Einfluss auf die Schulleistung? Ich persönlich denke, sie hat sogar einen doppelten. Auf der einen Seite haben wir die Schüler und Schülerinnen. Meine Erfahrung ist, dass die Kids, welche sich positiv mit ihrer Schule als Lernort identifizieren, deutlich besser performen. Auf der anderen Seite gilt dasselbe für die Lehrkräfte. Ich denke, alle werden das bestätigen, dass die KollegInnen, die sich deutlich mehr mit der Schule identifizieren, im Durchschnitt zufriedener und motivierter sind, als auch öfter bereit sind, mehr Zeit in die Schule zu investieren, etwa bei Kulturveranstaltungen, die nach dem Unterricht stattfinden.

Spielt diese Identität eine zentrale Rolle in unseren Schulkonzepten oder anders gesagt; ist es ein explizites Ziel diese schulische Corporate Identity zu fördern? Ich beantworte diese Frage mit nein. Wobei es nicht so ist, dass das System Schule seine TeilnehmerInnen nicht positiv eingliedern und mitnehmen will. Aber das ist noch nicht die explizite Förderung der Corporate Identity. Tatsächlich ist die in deutschen Bildungseinrichtungen die Ausnahme. Gucken wir aber über den großen Teich zu dem Land, welches seit Jahrzehnten die führende Wirtschaftsmacht des gesamten Planeten ist, dann finden wir das dort und zwar ganz besonders im akademischen Bereich.

Wir alle kennen Universitäten wir Harvard, MIT, Yale oder Stanford. Das sind Namen, die so groß sind, dass sie in uns direkt etwas auslösen. Jede:r von uns will am liebsten sofort alles stehen und liegen lassen, um dort studieren zu können oder einfach nur mal dagewesen zu sein, weil es so besonders klingt. Das was uns da so anzieht, ist nicht einfach zufällig entstanden. In den USA investieren die Universitäten, als auch die Schulen viel in den Aufbau eines starken Zugehörigkeitsgefühl, also in die Corporate Identity. Das führt dazu, dass die besten StudentInnen der Welt dorthin gehen wollen und so den Unis einen erhöhten Mehrwert bringen.

Wir tun dergleichen nicht. Zwar gibt sich jede Schule einen Namen und kreiert irgendwie ein Schulprofil, dass sie besonders auszeichnet, aber das ist unvergleichbar mit den Investitionen in den USA. Zwar sind die Ergebnisse im Schulsystem dort nicht viel anders als unsere. Doch die Ergebnisse der US-Universitäten übersteigen die unserer Unis so deutlich, dass es sehr auffällig ist. Mehr noch, denn die wirtschaftlichen Erfolge der US-amerikanischen AkademikerInnen sind die besten der Erde. Also warum machen wir es ihnen nicht nach?

Ich glaube, unsere Kids brauchen etwas, woran sie glauben können. Deshalb werden sie Fußballfans, oder folgen irgendwelchen Influencern oder Sängerinnen. Schule hat diesen Bereich „des an etwas glauben" bisher sträflich und zum Schaden für die SuS vernachlässigt. Ob wir das jetzt Selbstwirksamkeitserwartungen nennen, wie sie es an den Unis tun, ist nicht entscheidend. Was zählt ist, dass wir es endlich so hinkriegen, dass es sowohl unserer Zielsetzung, nämlich den Kids zu helfen, bestmöglich zu performen, und der Lebenswelt unserer Jugend entspricht.

Schule ist eine bürokratische Maschine. Wir sind Meister darin, für alles eine Akte und zu jedem Vorgang ein Protokoll anzufertigen. Ich will das auch gar nicht komplett abschaffen. Aber dennoch werden wir immer schlechter darin, unsere Schüler und Schülerinnen da abzuholen, wo sie stehen. Es ist schön, dass wir Akten führen können und jeden Furz dokumentieren. Nur was bringt das den Kids, solange wir es nicht schaffen, sie so zu verstehen, wie sie wirklich denken, fühlen und handeln?

Diese Bürokratie hat zweifelsfrei ihre Berechtigung. Dennoch ist sie wie überall im derzeitigen Deutschland ausgeufert. Zudem sind Lehrkräfte Pädagogen(innen) und keine Bürofachangestellten. Ich persönlich glaube, es würde sowohl finanziell als auch pädagogisch Sinn machen, wenn ausgebildete professionelle Bürofachkräfte die vielen Verwaltungsaufgaben übernehmen, damit sich die Lehrkräfte endlich wieder mehr um die Entwicklung der Kinder kümmern können.

Wir erreichen unsere Jugend nicht mehr. Zwar gelingt es einzelnen Lehrkräften noch ganz gut. Mir wurde das schon mehrfach von Jugendlichen und Eltern gesagt, aber unterm Strich bleibt nur das Fazit, dass es uns immer schlechter gelingt, einen Draht zu den Kindern herzustellen. Auch mir fällt das schwer. Denn der Draht zwischen Lehrern und Schülern ist nicht wie der zwischen Freunden, sondern er ist von anderer Natur. So einfach es mir fällt, mit den Kids eine freundschaftliche Verbindung aufzubauen, in der sie mir relativ schnell vertrauen und ihre Gedanken und Geheimnisse mitteilen, so schwer fällt es auch mir, diese besondere Beziehung herzustellen.

Der Schüler lernt und der Lehrer lehrt. Das sind die Eckdaten in der Beziehung zwischen der Lehrerin und ihrer Schülerin. So viel ist klar und das weiß auch jeder. Dennoch ist es wichtig, sich diese Beziehung genau anzusehen. Denn sie hat sich fundamental verändert. Früher hatten wir

Lehrkräfte quasi ein Monopol bei der Wissensvermittlung. Das hat sich in viele Institutionen aufgeteilt, angefangen bei unserer Schule, über die Universitäten, bis hin zu den Ausbildungsstätten. Faktisch waren wir die einzigen, die Bildung (in ihrem gesamten Spektrum) vermittelt haben. Doch dieses Monopol existiert nicht mehr.

10

Wir leben in einem neuen Zeitalter. Niemand kann bisher sagen, wie dieses Zeitalter heißen wird. Vielleicht wird es in den späteren Geschichtsbüchern, falls es dann noch Bücher gibt, das digitale oder Informationszeitalter genannt werden. Das ist möglich. Aber da wir nicht wissen, welche disruptiven Technologien noch entstehen und alles verändern werden, ist es unmöglich, das vorauszusagen. Aktuell spukt die AI oder auf deutsch die K.I. in allen Köpfen und löst mal Alpträume mal Größenwahn aus. Fakt ist, das diese Technologie das Bildungsmonopol zerstört hat, das wir seit den Zeiten von Platons Akademie im alten Griechenland inne hatten.

Das Internet ist voll von Online-Kursen, Plattformen zum Lernen und endlosen Lernvideos. Das Angebot ist nicht nur groß, es wächst auch täglich und das mit einer immer schnelleren Geschwindigkeit. Das zerstört unser Monopol als Wissensvermittler. Jetzt könnte man sagen, dass auch Bücher früher genau dasselbe gemacht haben, aber das stimmt nicht und das sage ich im Bewusstsein, wie sehr ich Bücher liebe. Denn was da im Internet angeboten wird, ist wahnsinnig gut und mit der zunehmenden Entwicklung der

AI Technologie wird es immer schneller immer besser werden.

Unser Primat als Wissensvermittler hat sich fundamental verändert. Ich denke, das ist ein Hauptgrund, weshalb es uns Lehrkräften immer schwerer fällt, mit den Kids diese Ebene des Lehrer-Schüler-Seins zu finden, welche seit Jahrtausenden die Bildungsarbeit bestimmt hat. Wir müssen uns an die neue Situation anpassen. Denn sie wird nur dann zu einer Gefahr für unseren Berufsstand, wenn wir uns faul verhalten und nicht die vielen Wege erkunden, wie diese Technologien durch unsere Veredelung zu einem Mehrwert für unsere Schülerschaft werden.

Die Technologien könnten bis zu achtzig Prozent unserer heutigen Arbeit übernehmen. Wenn wir also nicht unsere Lehrkonzepte an diese neue Realität anpassen, werden wir obsolet werden. Allerdings glaube ich, dass es möglich ist. Ich halte es sogar für wahrscheinlich, dass wir gerade wegen dieser Möglichkeiten in die Lage versetzt werden, auf einem noch höheren Niveau zu lehren und auszubilden und so zu Ergebnissen gelangen können, die bisher undenkbar gewesen wären. Eben das schlägt auch den Bogen zu dem Thema dieses Essays.

Der Computer hat auch die Finanzwelt fundamental verändert. Vor langer Zeit wurde im gemütlichen Holland die Börse erfunden. Sie ist im letzten Jahrhundert zu einem chaotischen Hexenkessel geworden. Die Broker riefen sich ihre Verkaufs- und Kaufabsichten zu. Die großen Börsen waren so voll mit Menschen, dass sich alle pausenlos drängelten und es auch schon mal hitzig werden konnte. Aktuell haben elektronische Handelssysteme diese Aufgabe übernommen und der Wertpapierhandel funktioniert heute überwiegend so. Derzeit erleben wir auch wie innovative AI Assistenten immer mehr Aufgaben übernehmen. Hat durch diese technischen Veränderungen die Börse oder der Aktienhandel an Bedeutung verloren? Definitiv nicht. Die Branche hat sich angepasst und fährt heutzutage höhere Gewinne ein und hat ein höheres Handelsvolumen als jemals zuvor.

Die Welt verändert sich nicht, die Welt ist bereits eine völlig andere geworden. Die Veränderung der letzten sechzig Jahre übersteigt jeden Entwicklungsprozess, den es jemals in unserer Geschichte gegeben hat. Ich vermute, er ist so einschneidend wie der Übergang in der Steinzeit, als wir von Nomaden zu sesshaften Siedlern wurden, nur dass sich dieser Prozess um ein vielfaches langsamer vollzogen hat. Der Wandel, der durch Internet, digitale Vernetzung und AI ausgelöst wurde, wird eine völlig neue Gesellschaft prägen.

Jede Lehrkraft, die behauptet, dass sich der Unterricht nicht von Grund auf verändern und an die Veränderungen anpassen muss, hat völlig den Bezug zur Realität verloren. Was dort aktuell gemacht wird, ist desillusionierend. Sie stellen überall interaktive Tafeln in die Klassenzimmer und teilweise sogar W-Lan zur Verfügung und dann stellen sie fest, dass das noch schlechtere Ergebnisse bringt. Die ersten fordern jetzt wirklich schon die Rückkehr zum Buch als Hauptmedium im Unterricht.

Ehrlich, einfach nur ein interaktives Smartboard in die Klassen zu stellen, ist so, wie einfach Sachbücher zur Verfügung zu stellen, die keinerlei didaktische Aufarbeitung besitzen, sondern die einfach nur anspruchsvolle Sachtexte ohne Fragen und kindgerechte Darstellungen sind. Es ist logisch, dass das scheitern musste. Sie hätten zu den interaktiven Tafeln auch noch die richtigen Apps und Software-Programme besorgen und/oder entwickeln müssen. Alles andere hat nämlich mit ernsthafter Pädagogik nichts zu tun und ist und war grob fahrlässig. Das Scheitern liegt also an der schlechten Durchführung und nicht an der Technik und der Glaube, dass die Rückkehr zu einem reinen Buch gestützten Unterricht sinnvoll ist, ist sicher ökonomisch tödlich.

Dazu kommt, dass sie dafür an anderer Stelle zu sparen begonnen haben. Früher konnte ich so viele Kopien machen, wie ich wollte. Ich habe mich dann fleißig hingesetzt und Arbeitsblätter speziell für meine Brennpunktschüler entworfen. Das hat super funktioniert. Denn die (teilweise echt krass veralteten) Bücher haben den Lernniveaus der SuS einfach nicht entsprochen. Vielleicht funktionieren diese ganzen Bücher bei Gymnasiasten, aber bei den Kids, die ich meistens habe, sind sie suboptimal.

Jetzt habe ich nur noch vierhundert Kopien pro Monat, die ich nur noch für die Flüchtlinge nutze. Davon habe ich mindestens zwei pro Klasse bei siebzehn Klassen pro Woche. Ich weiß tatsächlich nicht, wie das an anderen Schulen ist. Aber bei uns haben die Flüchtlinge keinerlei Arbeitshefte und Bücher bekommen. Einige sind nicht mal alphabetisiert, viele traumatisiert und desorientiert; aber sie kommen in die Regelklassen, die selbst Probleme bis zum Kollaps haben und können dann meist kaum mehr als zwanzig deutsche Wörter. Da sind vierhundert Kopien schneller weg, als man sich das vorstellen kann.

Das Digitalkonzept entspricht genau den Maximen des vor-digitalen Zeitalters. Wir müssen dringend aufwachen, falls wir unseren Anschluss an solche wirtschaftlichen Überflieger wie Singapur nicht verlieren wollen. Tatsächlich böte sich der Wirtschaftsunterricht dafür geradezu an; natürlich unter der Voraussetzung, dass er von Leuten gemacht wird, die wissen, wie die echte Wirtschaft aussieht und nicht von Pädagogen, die in ihrer Bubble gefangen sind wie die Bubble der WAT-Leute.

Es wäre so genial, eine künstliche Börse als Lernspiel in den Schulen zu installieren. Klar würde die über Handy, App und voll interaktiv laufen. Jede:r SchülerIn bekommt ein Startkapital und legt dann sein Geld an. Das Programm könnte sich durchaus an den echten Entwicklungen auf dem Markt orientieren, obwohl es schon noch ein Lernspiel bleiben soll. Die Kids könnten ihr Geld anlegen und schauen, wie sich alles entwickelt. Solche Dinge wie Futures, Optionen, Hebel aller Art und Short Selling sollten natürlich eingebaut werden, sodass das ganze realitätsnah bleibt. Ich glaube, sowohl der Lerneffekt als auch der Spaß wären groß. Natürlich gibt es schon solche Planspiele, aber sie finden sich fast nirgends in der Schullandschaft.

Nun habe ich bisher leider nicht genug Ahnung vom programmieren, aber ein Gedankenspiel habe ich trotzdem gewagt. Es wäre faszinierend, wenn Schulen ihre eigenen internen Kryptowährungen entwickeln würden. Ich kann leider überhaupt nicht sagen, wie kompliziert das ist. Zugleich sehe ich, wie schnell sich die AI Technologie weiterentwickelt und ich kann mir sehr gut vorstellen, dass es in ein paar Jahren mithilfe eines AI-Assistenten sehr einfach werden wird, eine eigene Blockchain als Basis für eine interne Schul-Krypto zu entwickeln.

Abschlussklassen könnten ihr eigenes NFT erstellen. Mit diesem Kryptowert könnten sie möglicherweise sogar ihre Abschlussfeier finanzieren. Klar wären es wahrscheinlich hauptsächlich Eltern, die das kaufen, aber dennoch wäre es ein schönes Produkt. Diese Non-Fungible Token oder NFT lassen sich sicher noch an vielen anderen Stellen im WU oder im sonstigen Schulalltag einsetzen.

Das sind jetzt nur drei Beispiele, wie im WU technische Innovationen integriert werden können. Blicken wir auf die letzten Jahrzehnte zurück, dann sehen wir, dass es noch nie so viele disruptive technische Innovationen gegeben hat, die in kurzer Zeit ganze Branchen umgekrempelt, wenn nicht sogar überflüssig gemacht haben. Es wirkt aktuell nicht so, als hätten wir ein technisches Plateau erreicht, sondern es macht eher den Eindruck, als ob diese technischen Entwicklungssprünge weitergehen werden oder zumindest kontinuierlich anhalten.

Fakt ist, es muss sich etwas ändern. An anderer Stelle habe ich schon einmal darüber geschrieben, wie das Modell des Fachlehrers durch das Modell des Lernexperten verbessert wird. Grund dafür ist vor allem, dass sich unser Wissen heute so schnell weiterentwickelt, dass spätestens nach zwanzig Jahren das Wissen, welches die FachlehrerInnen im Studium erworben haben, dann zu einem erheblichen Teil veraltet sein wird. Den zweiten Grund habe ich bereits früher genannt: Der Lehrberuf hat sein früheres Monopol als Wissensvermittler verloren.

Kein Unterricht hätte größeres Potential, die technischen Innovationen nutzbringend zu lehren als der WU. Einige werden jetzt anmerken, dass ein Informatikunterricht das viel besser könnte und ich bin definitiv dafür, das endlich ein breiteres Angebot als Wahlfach Informatik angeboten wird, in dem jene Jugendlichen, die sich in diesem Gebiet spezialisieren wollen, sich ausprobieren können. Was natürlich nur möglich ist, wenn anständig investiert wird. Aber Fakt ist, dass die Bedeutung der vielen technischen Innovationen nicht in ihren technischen Merkmalen begründet ist, sondern im Nutzen, welcher aus ihrer Anwendung entsteht. Dies bezieht sich natürlich auf die Auswirkungen auf uns Menschen. Doch dies zu steuern oder anders gesagt zu managen, ist ein vordergründig wirtschaftlicher Aspekt.

11

Neben all den Möglichkeiten, die die neuen Techniken mit sich bringen, habe ich auch einmal ein Gedankenspiel mit einem etwas älteren, traditionelleren Wirtschaftssektor durchgespielt. Ich meine den ersten Wirtschaftsbereich, den wir Menschen begründet haben und der die Grundlage aller anderen Sektoren ist. Gemeint ist die Landwirtschaft. Ich nannte das Gedankenspiel Volksfeld.

Viele heutige Kids wird meine Idee abschrecken, weil sie dann ernsthaft arbeiten müssten und sie sich nicht mehr nur berieseln lassen könnten. Wir würden jeder Schule einen Bereich zuteilen, den sie selbst landwirtschaftlich zu bewirtschaften hätten. Das darf gern in enger Kooperation mit unseren Bauern geschehen, was einen doppelt guten Effekt hätte, da sich diese immer noch sehr wichtige Berufsgruppe leider viel zu oft ausgeschlossen fühlt.

Aufgabe der Jugendlichen wäre es, sich um das Feld zu kümmern und zwar im Gesamten. Sie müssten das Feld nicht nur bestellen, sondern sich auch um den Kauf der Saat, Düngemittel und Mietung der Geräte kümmern und dann natürlich auch um den Verkauf. Gerade das kann extrem spannend sein, denn hier werden sich die Kids besonders durch außergewöhnliche Marketingstrategien hervortun können. Gelingt es etwa der einen Gruppe ihre landwirtschaftlichen Produkte als echte Bio-Produkte zu vermarkten, könnten sie möglicherweise einen deutlich höheren Gewinn erzielen.

Die Idee ist natürlich verwegen und passt nicht zum aktuellen Schulsystem. Es würde etwa bedeuten, dass die Kids statt einer Klassenfahrt, eine Reise zu ihrem Bauernhof machen müssten. Dieser müsste natürlich von den Bauern dafür eingerichtet werden, was dieser Berufsgruppe eine neue Einnahmequelle geben würde. Zugleich würde so eine Reise die Eltern sicher weniger kosten als eine teure Klassenfahrt.

Sie verbringen dann die Erntezeit auf dem Hof und arbeiten dort. Das hängt viel von der Art der Produkte ab. Das Pflücken von Äpfeln oder Weintrauben erfordert natürlich viel mehr Handarbeit und braucht deshalb einen höheren Personalaufwand. Aber das macht es zugleich spannend. Diese Reisen würden natürlich verpflichtend sein und müssten von den Eltern bezahlt werden. Dann gibt es leider keine Reisen mehr nach Paris, Rom oder London, sondern eine Fahrt aufs deutsche Land; doch der Mehrwert wäre doppelt gut. Zum einen würden die Jugendlichen lernen, was es heißt, sich seine Nahrung wortwörtlich zu erarbeiten. Zum Zweiten würde die nächste Generation unseres Volkes eine bessere Verbindung zu ihrem Land entwickeln.

Diese Landwirtschaftsidee bietet wirklich viel Potential, auch wenn sicher einige Unternehmen, die sich auf Klassenfahrten spezialisiert haben, pleite gehen könnten, falls sie sich nicht an den neuen Markt anpassen. Doch diese Idee könnte der Jugend die Realwirtschaft auf holistische Art und Weise vermitteln. Das ganze müsste natürlich in eine theoretische Grundlage eingebettet werden. Das beginnt bei den Spezifika der Produkte, die sie produzieren wollen, geht weiter über die Planung des Arbeitseinsatzes, und endet dann nicht bei der Erstellung zahlreicher Marketingstrategien, sondern geht weiter über die Suche nach neuen Wertschöpfungsmöglichkeiten innerhalb des bestehenden Betriebs und dem Handel mit Futures auf Landwirtschaftsprodukte, also dem Umgang mit Finanzinstrumenten.

12

Ich sah jüngst ein Interview mit einem Militärhistoriker, der seit der Ukrainekrise Stammgast in vielen Shows ist. Er sagte, dass die Aspekte der Kriegsgeschichte viel zu wenig Bedeutung finden, obwohl sie relevant sind. Ich möchte ihm konsequent widersprechen und stattdessen behaupten, dass es die Wirtschaftsgeschichte ist, die viel zu wenig Aufmerksamkeit erhält. Denn Kriege lassen sich viel besser auf der Basis ihrer wirtschaftlichen (Vor-)Bedingungen erklären als aus den rein militärischen Aspekten. Ich denke sogar, dass es ohne das konkrete Verständnis der ökonomischen Bedingungen überhaupt nicht möglich ist, einen Krieg richtig historisch einzuordnen.

Wäre Deutschland nicht eine der bedeutendsten Wirtschaftsmächte zur Zeit von Hitlers Herrschaft gewesen, dann hätte der zweite Weltkrieg niemals diese Dimension angenommen. Mehr noch: Ohne die Weltwirtschaftskrise hätte dieser Krieg wahrscheinlich nie stattgefunden. Der erste Weltkrieg ist ein imperialistischer Krieg gewesen. Worum ging es dabei anderes als um wirtschaftliche Interessen in den Kolonien? In einem Buch für angewandte Wirtschaftsdidaktik habe ich gelesen, dass der Syrienkrieg, der der Hauptauslöser gewesen zu sein scheint für die größte Migrationsbewegung der letzten Jahrhunderte, durch massive Ernteausfälle ausgelöst wurde. Auch das wäre wieder ein wirtschaftlicher Grund und selbst die französische Revolution war das Ergebnis der stark angestiegenen Brotpreise.

Die Historiker der vielen Lager werden streiten. Jeder wird Argumente vorbringen, warum ihre Sicht die Beste ist. Da haben wir die Militär-, Sozial-, Politik-, Religions- und Wirtschaftshistoriker, aber am Ende (oder Anfang) des Monats wollen sie ihr Gehalt. Denn auch die Historiker leben unter wirtschaftlichen Bedingungen. Abgesehen davon haben selbstverständlich alle diese Sichtweisen ihre berechtigte Bedeutung. Aber die Zeit in der Schule ist begrenzt. Wir können nicht alle Sichtweisen mit den Kids durcharbeiten; deshalb müssen wir uns entscheiden.

Leider nehmen Kriege im heutigen Geschichtsunterricht extrem viel Raum ein. Die meisten würden dem sogar zustimmen und es richtig finden, aber das tun sie meiner

Meinung nach nur, weil es schon immer so war und sie es in der Schule so gelernt haben.

Ich wiederhole noch einmal mit Nachdruck, dass mithilfe der Wirtschaftsgeschichte sich auch die Kriege viel besser beschreiben, analysieren und verstehen lassen. Das ist auch augenscheinlich beim zweiten Weltkrieg so. Schauen wir uns nur die wirtschaftliche Leistung Frankreichs, Amerikas und Großbritanniens an, inklusive der Gebiete, die sie im Jahr des Kriegsbeginns kontrollierten und mit denen sie verbündet waren, dann wird ersichtlich, dass Deutschland und seine Verbündeten langfristig keine Chance gehabt hätten. Auch dass Deutschland anfänglich so große Erfolge hatte, lässt sich anhand der wirtschaftlichen Kennzahlen erklären; eben weil die NS-Regierung ihre Produktion viel früher auf die Kriegsproduktion umgestellt hatte und die drei anderen Länder länger brauchten, um das nachzuholen. Dabei zeigen die Statistiken zugleich, dass es für die Nazis unmöglich gewesen wäre, diese Länder zu erobern und zu unterwerfen, bevor deren Kriegsproduktion voll angelaufen wäre.

Das bedeutet nichts anderes, als das sich durch die ökonomischen Kennzahlen der Verlauf und Ausgang des Krieges ganz genau bestimmen lässt. Hingegen lässt sich mit der Militärgeschichte nicht die Wirtschaft bestimmen. Auch im Vorfeld wird klar, wie groß die wirtschaftlichen Motive sind, die Hitlerdeutschland in den Krieg geführt haben. Das beginnt bei der Propaganda des Lebensraums im Osten, was ein wirtschaftliches Motiv ist, bis hin zur Plünderung des jüdischen Reichtums, die laut den Nazis eine globale Finanzelite waren.

Lässt sich auch die Demokratiebewegung mithilfe der Wirtschaftsgeschichte erklären? Ich denke ja, glaube aber nicht, dass es in diesem Fall aufgrund der großen moralischen Bedeutung, welche die Demokratie besitzt, ausreicht sich darauf zu beschränken. Das ist einer der Gründe, weshalb ich einen ethischen Demokratieunterricht für verpflichtend halte. Dennoch ist die Wirtschaft einer der Gründe für einen globalen Prozess der zunehmenden Demokratisierung, der hoffentlich nicht beendet ist. Leider zeigen die letzten Jahre einen gefährlichen Trend und ich las jüngst, dass die Auslandsinvestitionen in Autokratien zum ersten Mal die in Demokratien überstiegen haben. Gerade der letzte Punkt zeigt wie nötig wir Demokraten es haben, uns der wirtschaftlichen Realität wieder voll bewusst zu werden und dass wir aus dem Traumland der funkelnden Unterhaltungsindustrie wieder aufwachen müssen.

Wirtschaftsgeschichte ist generell nicht weniger oder mehr interessant als andere Sichtweisen der Geschichte. Es hängt immer von der Art ab, wie Unterricht gestaltet wird. Auch hier finde ich, es wird Zeit, die neuen Technologien einzusetzen. Ich erinnere mich, wie ich mit meiner Frau vor kurzem in einem Museum an der Friedrichstraße in Berlin war. Dort buchten wir auch den Teil mit den VR Brillen (Virtual Reality). Ich muss sagen, dass mich die Art wie dieses Gerät Geschichte vermittelt hat, gefesselt hat und ich mir das auch für unsere Schulen wünsche. Denn bei mir als ausgebildetem Geschichtsdidaktiker hat diese Erfahrung einen bleibenden Eindruck hinterlassen. Und ich glaube, dass Forschung, Massenproduktion und kluge politische Entscheidungen(!) solche Möglichkeiten flächendeckend in den Schulen realisieren könnten. Leider desillusioniert mich die Wirtschaftspolitik der letzten Jahre an dieser Stelle und ich vermisse echte zukunftsweisende Investitionen. Wie wichtig das ist, zeigen etwa Biografien wie die von Bill Gates, dem wahrscheinlich ersten Tech-Milliardär, der als Schüler in einer der wenigen Schulen war, die damals Computer hatten.

Mit diesen innovativen Ansätzen und denen, welche noch kommen werden, könnten wir die Wirtschaftsgeschichte spannend und interessant gestalten. AI-Assistenten werden sicher irgendwann leicht zu programmieren sein, so dass sie auch individuell angepasste Testungen durchführen können und so sicherstellen, dass Wissen und Erkenntnisse tief und vernetzt im kognitiven System abgespeichert werden.

Ich bin ein großer Freund von Spezialisierungen. Sie sind schließlich das, was die Menschheit seit der neolithischen Revolution erfolgreich gemach hat. Ich finde es fantastisch, wenn sich die jungen Menschen in einzelnen historischen Themen oder auch Epochen spezialisieren und ein Fachwissen und vor allem Verständnis entwickeln, das außergewöhnlich ist. Das unterstütze ich sehr, so wie jede andere Form von positiver Spezialisierung. Aber abgesehen von der historischen Entwicklung der Demokratie verliert jede andere historische Herangehensweise ihre Bedeutung im Vergleich mit der Wirtschaftsgeschichte.

Das wird deutlich, wenn ihr einmal rumgeht und fragt, wie viele eurer Mitmenschen wissen, was der Rheinische Kapitalismus oder der Gini-Koeffizient sind. Beides sind wesentliche Konzepte, um die Wirtschaft unseres Landes verstehen zu können. Viele dieser Leute meckern dann über die Ungleichheit in unserem Land oder schimpfen über den bösen Kapitalismus. Aber wie will jemand überhaupt die ökonomische Ungleichheit einschätzen können, wenn er überhaupt nicht weiß, was der Gini-Koeffizient oder Gini-Index ist? Dasselbe gilt für den Kapitalismus: Welche Kritik am Kapitalismus ist denn wirklich mehr als dummes Stammtischgelaber, wenn sie nicht einmal wissen, was die großen Unterschiede zwischen Keynes und Friedmans Monetarismus-Kapitalismus sind oder was das spezielle deutsche Modell des Ordoliberalismus auszeichnet.

Wir kommen natürlich zurück zu den dutzenden Millionen Toten während des großen Sprungs nach vorn in China, die dort bewusst von den Linken riskiert wurden und gehen direkt weiter zu dem schrecklichen linken Wirtschaftsverbrechen des Holodomor mit Millionen Toten. Diese extremen Beispiele wie endlose weniger extreme zeigen, wie ineffizient sich die linken Wirtschaften in der Vergangenheit verhalten haben, obwohl es diese Gruppen sind, die immer die heutige Wirtschaft pauschal kritisieren und das obwohl sie viel weniger Menschen umgebracht hat als ihre linken Modelle.

Müßig hier anfügen zu müssen, dass die rechten Wirtschaftsmodelle inklusive des Adels-Merkantilismus genauso wenig erfolgreich waren. Junge Menschen sollten diese historischen Makroprozesse kennenlernen, um zu verstehen, warum das aktuelle Wirtschaftssystem, welches mit Verlaub verdammt viele Fehler hat, trotzdem das ist, was die wenigsten Menschen ausbeutet und umbringt.

Wer wird die vielen Probleme, die aktuell entstehen, lösen müssen? Es ist unsere Jugend! Wie sollen sie das aber, wenn sie nicht verstehen, wie die Welt funktioniert und das im besonderen, wenn sie nicht verstehen, welche historischen Wirtschaftsmodelle es gegeben hat und was ihre jeweiligen

Vor- und Nachteile sind, als auch wie sich diese jeweils auf Makro- und Mikroebene auswirken?

Die Probleme, die derzeit entstehen, werden überwiegend wirtschaftliche sein. Denn es sind am Ende Finanzmittel, die nötig sind, um die richtigen Investitionen zu tätigen, um die Probleme zu lösen. Es ist egal, ob diese Investitionen dann in die Medizin fließen, weil dringend ein Heilmittel für einen Virus gefunden werden muss, der sich gerade ausbreitet oder in bessere Studien darüber, wie der ausufernden Drogenkonsum mit Beschaffungskriminalität durch wirklich effiziente Präventionsmaßnahmen und Therapiekonzepte gelöst werden kann oder in Forschung für grünes Wachstum. Für all das ist enorm viel Kapital notwendig, um die Rahmenbedingungen zu finanzieren, in denen diese wissenschaftlichen Forschungen (hoffentlich) erfolgreich durchgeführt werden können.

Wirtschaft auf der Makroperspektive zu verstehen, wird einen Grundstein für eine bessere Welt legen. Davon bin ich felsenfest überzeugt. Es sind die germanischen Länder im Norden, die mich davon überzeugen. Allen voran natürlich Norwegen, das zwar seinen Reichtum auf seine Ressourcen gründet; zugleich zeigen aber auch die anderen skandinavischen Länder inklusive Dänemark und Island, wie Wohlstand und soziale Gerechtigkeit Hand in Hand gehen können.

Natürlich ist die wirtschaftliche Situation eines Landes nicht einfach auf ein anderes zu übertragen. Wer versucht Singapur einfach eins zu eins nachzuahmen, wird es sehr wahrscheinlich trotz großer Anstrengungen nicht schaffen, ihren wirtschaftlichen Aufstieg der letzten Jahrzehnte nachzuahmen. Dennoch gibt es Ansätze, die grundsätzlich eine hohe Wahrscheinlichkeit haben, zu funktionieren. Der Washington-Konsens ist ein solches Maßnahmenpaket, um wirtschaftliche Stabilität und Wachstum zu fördern. Viele Beispiele zeigen, wie gut er funktioniert und vor allem wie es den Menschen der betreffenden Länder geholfen hat, der enormen Armut zu entkommen. Zugleich hat sich bei den Beispielen, wo er nicht funktioniert hat, gezeigt, dass dies an der krassen Korruption in den herrschenden Schichten gelegen hat und nicht an den spezifischen Strategien dieses Wirtschaftsprogramms.

Es gibt viele Studien, welche zeigen, dass wohlhabende Menschen seltener kriminell werden und sie auch bei Suchterkrankungen häufiger geheilt werden können. Zudem sinkt bei steigender wirtschaftlicher Leistung eines Landes die Säuglings-, als auch die Müttersterblichkeit, unter anderem weil durch wirtschaftliches Wachstum auch der medizinische Sektor weiterentwickelt wird.

Was ich damit sagen will, ist, dass mithilfe einer guten Wirtschaftsleistung oft mehr soziale Gerechtigkeit erreicht werden kann als mit anderen sozialwissenschaftlichen Disziplinen. Die Kritiker haben natürlich recht, dass die Wirtschaft missbraucht werden kann und Menschen dadurch geschädigt werden. Der Holodomor und ähnliche Wirtschaftsverbrechen beweisen das. Aber das ändert nichts an dem pro-sozialen Potential, das in der Wirtschaft steckt und das möglicherweise größer ist als das pro-soziale Potential jeder anderen Sozialwissenschaft.

Das Fazit dieser Argumente ist die enorme Relevanz wirtschaftlichen Wissens für das Wohl jedes Menschen in unserem Land (und darüber hinaus): Der Pfad weg von der Dominanz der Militär-, Politik- und Religionsgeschichte im

Unterricht und hin zur Wirtschaftsgeschichte bekommt dadurch eine sozialkritische Dimension. Denn indem wir das Wissen vermitteln, wie der Armut zu entkommen ist, wird die Basis gelegt, wie sich jeder Einzelne, als auch das Kollektiv aus ihrer misslichen Sozialsituation befreien kann.

13

Viele sehen in der Wirtschaft noch immer etwas schlechtes. Komischerweise geschieht das sogar in Ländern wie Deutschland, welches seine gute Situation gerade seiner wirtschaftlichen Leistung verdankt. Das führt dazu, dass um dieses Thema im öffentlichen Diskurs ein großer Bogen gemacht wird. Denn wenn es um Finanzen, Geld und wirtschaftlich relevantes Wissen geht, dann wird nur unter der Hand getuschelt. Lieber unterhält man sich dann über Fußball, als ob ein kleiner schwarz-weißer Ball unsere Rechnungen und die Zukunft unserer Kinder finanzieren könnte.

Die Kritik an der Wirtschaft subsumiert sich meist an dem allgemeinen Slogan, wie schlimm der Kapitalismus ist. Denn er beute die Menschen aus, hat nur Profite im Kopf und führt zu großer sozialer Ungleichheit. Nun gab es Menschen schon vor dem Zeitalter des Kapitalismus und hätten die KritikerInnen recht, müsste es vorher besser gewesen sein. Doch in der Zeit davor, dem sogenannten Feudalismus, der von Priestern und Adligen beherrscht wurde, gab es endlose Hungersnöte, der Klerus und der Adel bereicherten sich an allem und die soziale Ungleichheit war noch größer als heute im Kapitalismus, denn durch Geburt war man in einen Stand geboren, den man zeitlebens nicht mehr verlassen konnte.

Die KritikerInnen werden mir jetzt zustimmen müssen, aber sofort sagen, dass es sicher ein Wirtschaftssystem gibt, das besser ist. Ich wünschte es und ich bete darum – das meine ich ernst!- dass wir irgendwann ein viel besseres Wirtschaftssystem als das heutige entwickeln. Aber es existiert derzeit (noch) nicht. Und den linken KritikerInnen des Kapitalismus, die mit ihrem Quatsch von linker Wirtschaft um die Ecke kommen, sei noch mal an die linken Wirtschaftsverbrechen des Großen Sprungs nach vorn und den Holodomor erinnert. Diese Katastrophen haben wahrscheinlich mehr Menschen das Leben gekostet als der zweite Weltkrieg!

Was die Kritiker der Marktwirtschaft nie erzählen, ist, wie sie es geschafft hat, mehr Menschen aus der Armut zu holen als jemals ein System zuvor. Natürlich gibt es immer noch schreckliches Elend auf der Welt. Aber in dem Jahrzehnt vor der Corona Pandemie hat sich sehr viel getan. Dass seitdem eine Katastrophe die nächste jagt, hat uns wieder zurückgeworfen, aber ändert nichts an den positiven Entwicklungen, die es lange gab und die hoffentlich wieder zurückkommen werden, wenn oder falls sich die politische Lage der Welt wieder beruhigt hat.

Wir lesen auch immer wieder von dem enormen Reichtum, der sich in den Händen weniger befindet. Auch ich finde das nicht gut und nur insofern akzeptabel, wenn diese Personen ihren Verpflichtungen für die schlechter gestellten gerecht werden, die jeder Reichtum mit sich bringt. Aber Fakt ist nun einmal auch, dass der Reichtum des gesamten Planeten sich in den letzten drei Jahrzehnten verdreifacht hat. Es ist nicht nur das Kapital der Reichen, das immer mehr geworden ist, sondern der Reichtum der Erde ist an sich enorm gewachsen.

Eine sozial gerechtere Verteilung des Reichtums ist natürlich besser. Aber die Frage ist, wie die erreicht werden soll? Da hört man dann immer wieder die alten Slogans von Umverteilung und besserer Besteuerung der Reichen. Das Steuern von allen gezahlt werden sollten, ist klar. Nur wenn ich Umverteilung höre, dann fallen mir die zahlreichen historischen Beispiele des Kommunismus ein. Deren revolutionäre Kämpfer haben zu oft Länder erobert, die Reichen und Herrschenden entmachtet, nur um dann selbst zu einer reichen, korrupten und unberührbaren Klasse aus Herrschern zu werden, die das Volk gnadenlos unterdrückt und ausbeutet. Der heutige chinesische Präsident steht an absoluter Macht dem Kaiser von China definitiv in nichts nach.

Die Linken haben im letzten Jahrhundert zu oft bewiesen, dass sie genauso wenig dazu in der Lage sind, soziale Gerechtigkeit zu schaffen wie die Rechten. Wobei die Rechten daran auch gar nicht interessiert sind. Allerdings zeigen die Länder mit freier Marktwirtschaft eindrucksvoll, wie auch Menschen aus sozial benachteiligten Schichten mehr als in jedem anderen politischen und wirtschaftlichen System jemals, der soziale Aufstieg gelingen kann.

Ich behaupte nicht, dass es in den Demokratien mit freier oder sozialer Marktwirtschaft keine Ungerechtigkeit und Diskriminierungen gibt. Die gibt es und sie müssen ausnahmslos abgeschafft werden. Was ich aber proklamiere, ist, dass die soziale Ungerechtigkeit in ihnen geringer ist als in jedem anderen politischen und wirtschaftlichen System, dass es bisher auf der Erde gegeben hat. Das ist die einzig rationale Schlussfolgerung anhand der empirischen Daten.

Wirtschaft ist toll. Wirtschaft ist wunderbar und wenn wir uns hinsetzen und Methoden, Übungen und Lernspiele zu den verschiedenen wirtschaftlichen Themengebieten entwickeln, dann können wir unsere Jugend damit genauso begeistern und so die Grundlage dafür legen, dass unsere Kinder später reich werden. Denn das ist doch das, was wir alle wollen. Nämlich dass sich unsere Kinder später nicht nur keine Sorgen um Geld machen müssen, sondern auch dass sie die finanzielle Freiheit haben, sich ihre Wünsche zu erfüllen.

Zum Schluss noch einmal ein Blick auf die Leute, die ein bedingungsloses Grundeinkommen fordern. Auch ich war lange davon angetan. Denn es ist meine Meinung, dass der Staat eine Gegenleistung erbringen muss, weil er den Menschen (berechtigterweise) ein Stück ihrer Freiheit einschränkt, um dies zu rechtfertigen. Das sollte die Versorgung mit dem Lebensnotwendigen sein, als auch die Bildung und ärztliche Versorgung umfassen.

Warum ich heute dennoch gegen ein bedingungsloses Grundeinkommen bin, ist einfach: Es existiert in diesem Universum nichts ohne Bedingungen. Ganz dem Wort Karma entsprechend, existiert alles in einem Ursache und Wirkungsgeflecht. Die Gefahr ist einfach zu groß, dass ein bedingungsloses Grundeinkommen uns faul und schwach macht und wir dann von einem bösartigen System wie dem Kommunismus oder Fundamentalismus überrannt und vernichtet werden.

Dass diese Gefahr real ist, zeigt das Beispiel in der Ukraine. Solange es kommunistische, fundamentalistische oder faschistische Staaten gibt, sind die freien Länder in Gefahr. Der Staat und wir als dessen Volk sind also permanent in der Pflicht, so produktiv wie nur irgend möglich zu sein, um den Diktaturen, Autokratien und Unrechtssystemen so erbittert wie möglich Widerstand entgegensetzen zu können.

Warum gibt es Wirtschaft? Der Sinn und Zweck der Wirtschaft ist, die begrenzten Ressourcen so zu verteilen und zu nutzen, dass es den besten Effekt hat. Wenn wir Volkswirtschaften wie die Venezuelas und Norwegens vergleichen, wird klar, wie unterschiedlich das sein kann. Beide Staaten sind Ölproduzenten. Venezuela hat sogar die größten Ölreserven der Welt. Doch während Norwegen die vielleicht beste Ökonomie der Welt hat, sieht die wirtschaftliche Lage in Venezuela katastrophal aus. Natürlich ist die wirtschaftliche Kompetenz der beiden Staatsführungen für den aktuellen Zustand ihrer Länder verantwortlich. Ähnliches zeigt sich, wenn wir ein Land wie den Iran mit Deutschland vergleichen, die beide circa die gleiche Anzahl an Einwohnern haben. Es ist die einem Land zugrunde liegende Wirtschaftswissenschaft, die darüber entscheidet, wie erfolgreich es ist. Sie hat zudem einen großen Einfluss auf die soziale Gerechtigkeit in einem Land, wobei dabei eben auch die Politik eine besonders große Rolle spielt. Wenn wir diese Relevanz bedenken, dann muss uns klar sein, dass sie in die Schulen gehört, weil eben dort unsere zukünftigen Staatsmänner und -frauen gebildet werden.

Das Ziel, das übrigens auch das heutige Schulsystem hat, ist, dass die Jugend die Schule verlässt und fähig ist, sich auf dem Arbeitsmarkt zu behaupten. Ich denke, in den letzten

Jahren haben wir alle mitbekommen, dass dies immer weniger der Fall ist und sogar dramatisch abgenommen hat. Die Berichte aus Ausbildungsbetrieben und Universitäten sind erschreckend.

Es sind nicht nur die unangenehmen Verhaltensweisen, die stark beklagt werden. Das beginnt etwa bei der Unpünktlichkeit und der Unfähigkeit sich lange belasten zu können. Es geht weiter zu der extremen Arroganz, die unter der derzeitigen Jugend inklusive der narzisstischen Persönlichkeitsstörung dramatische Ausmaße anzunehmen droht. Natürlich sind das nicht alle. Dennoch ist sowohl der Trend unübersehbar und auch die Zahl der Extremfälle nimmt deutlich zu. Schwerer wiegt dann noch der enorme Verlust an Kompetenz und Bildungsniveau im Vergleich zu Vorgängergenerationen.

Das ist jedoch nur ein Problem, für das nach meinem Kenntnisstand das aktuelle Schulsystem bisher keinerlei Lösungen anzubieten hat. Dazu kommen die strukturellen Veränderungen in der Wirtschaft. Während zu Zeiten als die Grundfesten des aktuellen Schulsystems in Stein gemeißelt wurden, die Bedeutung der Lohnarbeit für die absolute Mehrheit der Bevölkerung das zentrale Mittel zum Gelderwerb war, hat sich dies verändert. Das Verhältnis des Erwerbs finanzieller Mittel zwischen der Lohnarbeit und dem Erwerb aus Kapitalerträgen hat sich dramatisch verändert. Es macht fast den Eindruck, als wäre dieser Wandel exponentiell, wenn man die Kapitalerträge im Verhältnis mit den Erträgen aus Arbeit vergleicht. Wir müssen davon ausgehen, dass sich diese Entwicklung fortsetzt. Zwar ist die Zukunft immer ungewiss, aber der Trend ist unübersehbar.

Das Dilemma haben nicht wir, deren wirtschaftliche Situationen bereits gut situiert sind und die die vollen Auswirkungen dieses Wandels nicht mehr erleben werden. Sondern die Frage ist, wie unsere Jugend dann damit umgehen soll, wenn Kapitalerträge zu einer essentiellen Einnahmequelle werden müssen, um sich einen angemessenen Lebensstandard sichern zu können und nicht mehr nur die Lohnarbeit, wie es früher und derzeit auch noch überwiegend der Fall ist?

Ich finde, dass australische Rentensystem ist ein Erfolg, an dem sich sehen lässt, wie es einer Gesellschaft gelingen kann, sich diesen veränderten ökonomischen Bedingungen anzupassen. In Australien zahlen sie in einen Fonds ein. Es ist ihnen also schon vor Jahren gelungen, Investments zur Normalität für jeden Australier zu machen und dadurch das Rentensystem nicht nur deutlich besser als wir in Europa zu finanzieren, sondern auch relevante finanzielle Mittel aus Kapitalerträgen zu erwirtschaften, was dem globalen ökonomischen Trend entspricht.

Falls die Prognosen stimmen, wird es metaphorisch gesprochen für die Kinder von heute überlebenswichtig, Investitionsstrategien nicht nur zu kennen, sondern sie reflektiert und risikobewusst einsetzen zu können. Bringen wir ihnen das nicht bei, dann sind wir wieder bei dem schönen Bild: Wir als Schule lassen unsere Jugend ins offene Messer laufen.

Bildung wird nur dann ihren Ruf als wertvolles Gut behalten, wenn sie einen hohen Mehrwert zum Leben liefern kann. Dass Schulbildung immer unbeliebter in der Bevölkerung wird, liegt nun einmal daran, dass die Auswahl der schulischen Lehrinhalte immer weniger deckungsgleich mit der sozialen und ökonomischen Realität wird.

14

Brauchen wir eine Reform oder eine totale Revolution? Ich gebe zu, dass ich mich in beiden Perspektiven nicht zuhause fühle. Reformen können gut und schön sein, wenn sie funktionieren. Doch leider habe selbst ich schon in meinen knapp dutzend Jahren Lehrerdasein gemerkt, wie häufig Reformvorhaben scheitern und dem ständigen Murren der älteren Kollegen entnehme ich, dass sie noch viel mehr gescheiterte Reformen miterlebt haben.

Eine Revolution ist nie ein guter Weg. Denn was sind Revolutionen anderes, als die Vernichtung von etwas Altem und die Einführung des Neuen mit brutaler Gewalt. Deshalb möchte ich noch einmal betonen, dass ich ein großer Fan des alten traditionellen deutschen Schulsystems bin. Es hat für viele Jahrzehnte, wenn nicht Jahrhunderte einen Spitzenplatz in der Welt eingenommen und das ist sehr respektabel.

Ich sehe es eher wie die Ringe eines Baumes, also als einen evolutionären Prozess. Eine Redensart sagt, wer sich nicht anpasst, wird untergehen und ich glaube in Bio in der Mittelstufe hat uns der Biolehrer beigebracht, dass die Fähigkeit zur Anpassung das Merkmal des Lebens ist. Mir geht es bei der Forderung nach einem Wirtschaftsunterricht um nichts anderes als die Anpassung an die veränderte Weltsituation.

Die zunehmende Bedeutung des Finanzsektors, der massive Anstieg der Bürokratie, die Doppelbelastung durch die Digitalisierung bei der Karriereplanung, die neue Dominanz der Kapitalmärkte, die Pflicht zur individuellen Altersvorsorge und viele andere Punkte mehr hat es in dieser Prägnanz vor dreißig Jahren nicht gegeben. Genau diese vielen neuen gesellschaftlichen Rahmenbedingungen verlangen eine Kurskorrektur der Schule. Angesicht der Bedeutung des Geldmittels als universelles Tauschmittel kann und muss das eine enorme Erweiterung finanzieller Bildung am Lernort Schule sein.

Eine Anpassung ist keine Reform oder Revolution. Es ist eine Weiterentwicklung. Es ist wie eine Art Kurskorrektur, wenn man nach einem schweren Sturm vom Kurs abgekommen ist. Der Kurs der Schule zielt darauf ab, das Kind fit fürs Leben zu machen. Nur wenn es eine hohe Kompetenz in finanziellen Belangen hat, kann es in dieser aktuellen Welt fit sein oder im Entrepreneur Jargon gesagt, sich ein freies und selbstbestimmtes Leben aufbauen.

Dennoch werden viele meine Forderung, den WU zum Pflichtfach zu erheben, als einen Angriff auf das aktuelle Schulsystem verstehen. Nun, was soll ich sagen, außer auf die letzten PISA Ergebnisse hinzuweisen, die so schlimm waren, dass der Philologenverband sogar geäußert hat, dass wir das nächstes Mal die Teilnahme besser aussetzen sollten. Unser Schiff ist auf ein Riff gelaufen. Es ist nicht nur PISA, die Alarmglocken schrillen aus allen Richtungen. Kein geistig gesunder Mensch kann noch glauben, dass wir einfach so weitermachen können.

Ich weiß, ich habe es schon gefühlt tausendmal gesagt, aber das Lehramt ist die wichtigste Berufsgruppe in einer säkularen Demokratie - und nur eine säkulare kann überhaupt eine echte Demokratie sein. Unsere Arbeit hat mehr Einfluss auf die Gesamtbevölkerung als jede andere Berufsgruppe inklusive den PolitikerInnen. Wir prägen die nächste Generation und durch ihre Elternschaft haben wir auch enormen Einfluss auf die derzeitigen Erwachsenen. Wenn wir weiter zulassen, dass unser schulisches Schiff leckschlägt, was hat das für eine Signalwirkung auf den Rest der Republik?

Ist der Ruf erst ruiniert, lebt es sich ganz ungeniert. Diese Redensart beschreibt den Stand der aktuelle Schule ziemlich gut. Ich als Teil dieser Schule finde das einfach nur traurig und ich weiß, wie viele Lehrkräfte emotional und psychisch darunter leiden, dass die Schule heute so ein schlechtes Ansehen genießt. Es muss sich etwas tun, anders gesagt: Wir müssen etwas tun!

Ich glaube nicht, dass wir mit noch einer Reform den Karren aus dem Dreck fahren werden. Eine Revolution ist grundsätzlich inakzeptabel. Was wir tun müssen, ist das, was wir haben zu nehmen und es zu veredeln. Ich glaube nicht einmal, dass wir mehr brauchen. Ich bin mir sicher, dass nur genug Klugheit nötig wäre, um aus dem was wir haben, eine Schule auf die Beine zu stellen, die deutlich effizienter arbeitet und die Kids wirklich fit fürs Leben macht, so dass sie nach der Schule direkt wie eine Rakete zu ihrem Karrieretraum durchstarten können.

15

Ich würde lügen, wenn ich sage, dass heute nichts für die Berufswegplanung der SuS getan wird. Alle anderen würden lügen, wenn sie behaupten, dass das besonders erfolgreich ist. Ich bin oft mit Klassen ins Jobcenter oder den Bereich der Arbeitsagentur für die Jugendlichen gegangen. Da wird viel gemacht und da bleibt wenig hängen. Ich will nicht behaupten, dass es nur Tropfen auf den heißen Stein sind, aber angesichts der Ressourcen, die eingesetzt werden und wie viel Effekt das auf die Kids hat, finde ich das ineffizient.

Aktuell fahren wir ein System, indem Schule strikt von der Arbeitswelt getrennt ist. Das hat historische und moralische Gründe. Denn wir wollen und brauchen definitiv keine Kinderarbeit. Zugleich verhindert die Art, wie dieser Anspruch umgesetzt wird, bei der derzeitigen Generation SuS eine Sollbruchstelle. Mir sind wirklich nur wenige Fälle bekannt, wo ich das Gefühl habe, dass der Übergang optimal verlaufen ist. Nun lebe ich im Großraum Berlin und es ist möglich, dass es in anderen Regionen besser verläuft. Aber hier gelingt es nur suboptimal und hat sehr viel Luft nach oben.

Wenn ich die Kids in der Zehnten erlebe, dann sind die Vorstellungen, die sie für ihr eigenes Leben, als auch die Berufswelt haben ziemlich einschläfernd. Ich habe schon an sechs Schulen gearbeitet und es ist überall dasselbe. Eigentlich sollten sie gerade in den Abschlussklassen alles geben, weil es danach in die echte Welt geht. Davon spüre ich nichts. Da ist diese Trägheit. Sie sind phlegmatisch und haben null Antrieb. Ich glaube, das ist ein Ausdruck von

Unsicherheit und Verwirrung. Falls dem so ist, dann ist das ein Zeichen, wie viel mehr wir in die Berufspropädeutik investieren müssen.

Jeder zweite Schüler erzählt mir, wie wenig Schule mit der echten Welt zu tun hat. Im Unterricht dürfen wir dem Schüler natürlich nicht zustimmen. Aber seien wir ehrlich und fragen uns das auch einmal. Denn haben diese Schüler Recht, dann ist der einzige Wert des Schulabschlusses, dass er als ein Tauschwert für einen höheren Bildungsabschluss dient. Das wäre traurig, denn es bedeutet, dass es keinen inhärenten Wert hat.

Natürlich ist es nicht so schlimm und die Wahrheit ist, dass die Schüler, die das sagen, fast immer älter als vierzehn sind. Denn das was die Grundschule macht, hat einen inhärenten Wert, der für das ganze Leben relevant ist. Meiner Erfahrung nach ist es auch so, dass die SuS in den Grundschulen deutlich zufriedener mit der Schule sind. Ab Klasse sechs lässt das sukzessive nach. Oft wird dafür die Erklärung herangezogen, dass sie ihre Lust verlieren oder andere Dinge wichtiger werden. Aber was ist, wenn der Grund dafür ist, dass es ab Klasse sechs der Schule immer weniger gelingt, ihren Unterricht so zu gestalten, dass die Inhalte für das spätere Leben relevant sind?

16

Fragt man einen Entrepreneur, dann wird er einem sagen: Mindset is everything! Früher hätten wir in Deutschland das schöne Wort Charakter anstelle von Mindset benutzt. Heute wird dem Charakter oder Mindset in der Welt der

Unternehmer und Geschäftsleute wieder enorme Bedeutung zu gesprochen. Es gibt nicht wenige Stimmen, die behaupten, es ist das wichtigste, wenn man reich werden will.

Kehren wir zu unserem Beispiel zurück. Da sind auf der einen Seite diese phlegmatischen SchülerInnen am Ende der zehnten Klasse und ich erinnere mich daran, wie verbreitet diese Stimmung auch in den Abiturjahrgängen ist. Auf der anderen Seite haben wir diese strahlenden Gesichter, die eingeschult werden. Sie lernen mit Feuer in ihren Seelen und sind so neugierig und saugen alles auf, was wir ihnen beibringen.

Meine These an dieser Stelle ist, dass sie mit einer besseren Charakterschulung diese Intensität, Willensstärke und kreative Neugier bis in die Abschlussklassen nicht nur aufrecht erhalten werden, sondern sogar steigern können. Das beruht natürlich auf der verbreiteten Annahme der vielen erfolgreichen Unternehmer, die behaupten, dass das Mindset (Charakter) der wesentliche Schlüsselfaktor zum Erfolg ist und somit durch die Schulung des Mindsets/ Charakters unsere Jugendlichen viel besser als bisher auf die spätere Wirtschafts- und Berufswelt vorbereitet werden können.

Kritiker werden jetzt sagen, dass es den Pauschalcharakter gar nicht gibt und jeder individuell ist. Ich will ihnen gar nicht widersprechen. Aber es gibt trotzdem so allgemeine Eigenschaften wie Willensstärke, Selbstbewusstsein und Zielorientierung, die sich in jedem Charakter finden, egal wie individuell verschieden sie sind. Es ist definitiv möglich, bestimmte Charaktereigenschaften zu schulen, die die Wahrscheinlichkeit extrem erhöhen, um später im Leben erfolgreich zu sein. Leider haben diese Eigenschaften heute weder in der Schule, noch in der Gesellschaft eine große Bedeutung, obwohl es genau solche Eigenschaften waren, die Deutschland zu einer führenden Wirtschaftsnationen gemacht haben.

Tatsächlich stört mich die aktuelle „Jammerlappenkultur", die in immer mehr Kreisen zur Mode wird. Über alles wird gemeckert und rumgeheult, wie schlimm es ist. Abgesehen davon, dass es da draußen hunderte Millionen Menschen gibt, die gern in Deutschland leben würden, es ist so kontraproduktiv. Man hört dann so Sachen, wie dass man heute nicht mehr mit harter Arbeit zu Wohlstand gelangen kann, aber fragst du sie, wie viel sie arbeiten, dann erzählen sie dir etwas von vierzig Stunden oder weniger.

Auch ich selbst arbeite in meinem regulären Job nur fünfunddreißig Stunden, aber für meine anderen Business-Projekte arbeite ich nochmal etwa genauso viele Stunden. Am Ende komme ich auf über sechzig Stunden Arbeitszeit pro Woche. Letztes Jahr habe ich damit zweitausend Euro minus gemacht und doch empfinde ich es nicht als Verlust, weil es okay ist, etwas zu probieren und zu scheitern. Es ist nur nicht okay, nichts zu probieren und die ganze Zeit rumzuheulen, wie ungerecht die Welt ist und was einem alles umsonst zustehen würde, weil man ja so besonders ist, aber die böse Welt einem das nicht schenkt.

Fakt ist, es ist einfach nur Durchschnitt dreißig bis fünfzig Stunden zu arbeiten. Aber wirklich viel Arbeit wird es erst ab sechzig bis siebzig Stunden und ab neunzig Stunden haben wir dann echtes Entrepreneur-Niveau erreicht. Und ich glaube, einfach weil es so viele erfolgreiche Beispiele dafür gibt, dass man auch heute in Deutschland mit echter harter Arbeit zu Wohlstand gelangen kann.

Das Problem der vielen „Jammerlappen", man verzeihe mir diesen Ausdruck, ist, dass sie sich selbst blockieren. Schlimmer noch, sie blockieren und hemmen den Erfolg ihrer Mitmenschen, indem sie sie mit ihrer negativen Sicht anstecken. So eine pessimistische Einstellung ist Unsinn und sie ist auch gefährlich, denn sie ist in Wahrheit einer der häufigsten Gründe für Armut (zumindest wenn man in einem Land wie Deutschland lebt).

Charakter ist alles oder Mindset is everything. Diesen Satz kann man zum Leitspruch des Wirtschaftsunterrichts machen. Er gilt nicht nur in der Wirtschaft. Auch innerhalb der Familie ist es ein guter Charakter, der die Kraft entwickelt, alles für seine Familie zu geben, damit sie glücklich wird. Ein guter Charakter lässt sich gut mit dem Schmieden eines Schwertes vergleichen. Nur mit den richtigen Glühvorgängen lässt sich die Härte und Zähigkeit des Schwertes erreichen, die für den Kampf optimal ist. Genauso ist es mit dem Charakter. Durch langes Üben und endlose Trainings entsteht ein Charakter, der das perfekte Verhältnis von Ratio und Gefühl aufweist.

Trainieren wir die Charaktere unserer Jugend? Indirekt tun wir das, aber wir tun es schon lange nicht mehr explizit. Früher gab es Noten fürs Verhalten. Heutzutage muss man mit einer Anzeige bei Gericht rechnen, wenn man einen Schüler nach seinem Verhalten beurteilt. Das ist eine Tragödie und am Ende haben wir narzisstische und emotional instabile Jugendliche in einer Häufigkeit, dass es einem das Herz zerreißt, wenn sie einem von ihrer seelischen Pein erzählen.

Die Entwicklung des Charakters ist eine der wichtigsten Aufgaben im Leben der Jugendlichen. Ich glaube sogar, es ist die Hauptaufgabe des Menschseins, die schlechten Eigenschaften zu verringern und aufzulösen, und die guten zu fördern oder zu erlernen. Das ist meine persönliche Einschätzung. Aber die Bedeutung des Mindsets, die überall in der Wirtschaft eine sehr große Bedeutung hat, zeigt, dass ich mit dieser Meinung nicht alleine dastehe.

Wir Deutschen sind für unseren Fleiß weltweit berühmt. Diese Charaktereigenschaft hat uns zu einer der erfolgreichsten Nationen der letzten Jahrhunderte gemacht. Es war nicht einfach so, dass wir plötzlich einen Wunderbrunnen gefunden haben und der hat unserem Land all den Wohlstand geschenkt. Es war unser legendär gewordener Wille in Kombination mit eisernem Durchhaltevermögen, welcher sich zu dem legendären deutschen Fleiß verschmolzen hat. Angesicht der neuesten Wirtschaftsdaten, die alle ziemlich negativ sind, stellt sich mir die Frage, ob es nicht der Verlust des traditionellen deutschen Fleißes ist, der dafür die Ursache ist?

Zurück zu unseren Schülerinnen: Wir sollten ihnen wieder die Bedeutung des Charakters beibringen und wir sollten das auch bewerten. Denn während das meiste Wissen, welches wir in den Schulen vermitteln, später gar nicht mehr gebraucht wird oder nur implizit, so werden die Kids ihren Charakter jeden Tag benutzen und zwar nicht nur implizit. Sondern ihr Charakter wird die Ursache sein, weswegen sie handeln, wie sie handeln und auch wie sehr sie dem entgegenstreben können, wonach sie sich sehnen. Denn dort wo ein schwacher Charakter aufgibt, strebt der starke Charakter weiter und erreicht sein Ziel.

Es wird die richtige Schulung des Charakters sein, die dafür sorgt, dass die Schüler und Schülerinnen in der zehnten Klasse immer noch mit denselben feurigen Augen dasitzen wie bei ihrer Einschulung. Aktuell ist es traurig, wie unsere Jugend mit ihren vollgestopften Köpfen dasitzt und ihnen die feurige Neugier für den nächsten Schritt fehlt. Ich will nicht sagen, dass der Übergang von der Schule in die Arbeitswelt der wichtigste Schritt ihres Lebens ist. Das ist er nicht und muss er auch nicht sein. Aber er ist extrem wichtig und wenn sie ihn gehen, dann sollten sie mit der starken Willenskraft eines Löwen und der Neugier eines gerade eingeschulten Kindes in ihren nächsten und neuen Lebensabschnitt starten.

Es sollte eines der Hauptziele der Schulen sein, in den Jugendlichen eine Begeisterung zu wecken, so dass sie hochmotiviert in die Berufswelt starten können. Um ehrlich zu sein, hat sie das zu meiner Zeit nicht geschafft und sie schafft es heute immer noch nicht. Es scheint fast so, als würden die Unterrichtsmodelle, die wir benutzen, dafür sorgen, dass die Neugier, der Hunger nach Wissen und die feurige Willenskraft immer besser und besser sein zu wollen, betäubt werden. Das muss sich dringend ändern!

Wie gesagt, geht es mir nicht um Reformen oder pathetische Revolutionsgedanken. Ich glaube an Fortschritt und somit an Evolution. Denn das ist einfach natürlich. Der Perspektivwechsel hin zur spezifischen Förderung bestimmter Charaktereigenschaften, die empirisch als die entscheidenden für beruflichen und persönlichen Erfolg identifiziert worden sind, wäre nur eine Weiterentwicklung. Es wäre das weg von den Dingen, die ineffizient geworden sind und ein hin zu den Dingen, die in dieser neuen Zeit effizient machen und das als Teil eines evolutionären Prozesses, der aus der Erkenntnis geboren wird.

Es gewinnen im Leben nicht die klügsten Köpfe, sondern die willensstärksten. Das zumindest ist mein Eindruck. Allerdings freue ich mich die Argumente derer zu hören, die eine andere Meinung vertreten. Nach meiner Erfahrung ist es die Willenskraft, die entscheidet, wer seinem Ziel am nächsten kommt, bzw. es erreicht. Willensstärke ist eine Charaktereigenschaft. Natürlich kann sie wie jede andere Eigenschaft in Teilaspekte unterteilt werden. Das ist einfach die Natur aller Dinge der existierenden Welt; sie können weiter unterteilt oder selbst als Teil einer höheren Ebene betrachtet werden. Ausdauer, Tatkraft, Zielstrebigkeit, aber auch Selbstregulation und Selbstbewusstsein sind Aspekte der Willensstärke.

Willensstärke ist die Energie in uns, die bereit ist, alle Hindernisse, Ablenkungen und Unlust zu überwinden und alle möglichen Kräfte auf das Erreichen eines Ziels auszurichten. Allein diese Definition macht jedem klar, warum Willensstärke einen deutlich höheren Einfluss auf den Erfolg im Erwachsenenleben hat als die Intelligenz. Ich will hier gar nicht den Wert der Intelligenz herabstufen, sondern einfach nur beleuchten, welcher charakterliche Schlüsselfaktor wahrscheinlich die größte Auswirkung auf den persönlichen Erfolg haben wird.

Ich höre viele Lehrkräfte jetzt sagen, dass wir bei unseren Schülern und Schülerinnen natürlich die Willensstärke fördern, etwa bei Sportturnieren oder indem wir sie dazu motivieren, das Beste in Tests zu geben. Aber dieser Ansatz ist ein impliziter Ansatz. Ich bin kein großer Fan davon, wenn etwas extrem relevantes nur implizit gemacht wird.

Persönlich halte ich das für gefährlich. Denn wie soll verifiziert werden, ob der Lernfortschritt absolviert wurde? Indirekt lässt sich das nur bedingt messen.

Ein anderes Beispiel sind die Lerntechniken, -methoden und -strategien. Weder in meinem Lehramtsstudium habe ich jemals ein explizites Seminar zu diesem Thema belegen müssen, noch sind sie in der Region, wo ich unterrichte explizites Lernziel. Zwar ist das Methodentraining en vogue und dort kann sicher explizit auf spezifische Lerntechniken eingegangen werden. Allerdings liegt das ganz im Ermessen der unterrichtenden Lehrkraft. Aber das wir den Kids ganz gezielt Lerntechniken beibringen und zwar im Sinne als explizites Unterrichtsziel, ist nicht vorgesehen. Im Zentrum stehen fast immer fachliche Inhalte.

Nein, die Willensstärke sollte explizit vermittelt werden und zwar in dem Sinne, dass den Jugendlichen bewusst gemacht wird, dass es in dieser Unterrichtseinheit um die Entwicklung ihrer Willensstärke geht und sie dafür bewertet werden, wie stark ihr Willen ist und natürlich wie sehr sie ihre Willenskraft über einen bestimmten Zeitraum steigern können. Gerade letzteres ist in der Ökonomie wichtig, weil dort immer wieder gesagt wird, dass das positive Momentum entscheidend ist und nicht der Ist-Zustand.

17

Fassen wir noch einmal zusammen, worum es in diesem Essay geht. Es geht um die längst überfällige Einführung eines verpflichtenden Wirtschaftsunterrichts. Ein solcher

Schritt würde der realen Bedeutung der Weltwirtschaft entsprechen. Auch für eine führende Wirtschaftsmacht sollte er obligatorisch sein. Das Hauptargument dafür ist jedoch ein anderes.

Denn im Zentrum unserer Schule stehen die Kinder und Jugendlichen. Alles was in der Schule geschieht, sollte ihnen dienen und zwar so, dass es ihnen kurz- und langfristig die größtmöglichen Vorteile bringt. Die Bedeutung der Wirtschaft hat in den letzten Jahrzehnten so dermaßen zugenommen – wobei sie auch vorher schon extrem relevant war – dass wir als Staat, als Erwachsene und als Lehrkräfte die Pflicht haben, der nächsten Generation wirtschaftliches Wissen und Kompetenzen zu vermitteln, die markttauglich sind. Aktuell tun wir das nicht nur nicht, sondern wir tun es in einem so geringen Maß, dass wir als Schule nicht mehr ernsthaft behaupten können, dass wir die Schüler und Schülerinnen aufs spätere Leben vorbereiten, solange dieser Missstand nicht beseitigt ist.

Ich habe vorgeschlagen, dass außer Ökonomie, Deutsch und demokratischer Ethik ab Klasse sechs alle anderen Fächer zu Wahlfächern herabgestuft werden. Auch das folgt den realen Mechanismen unserer Volkswirtschaft. Es ist die Spezialisierung, welche die entscheidende Grundlage für enormen wirtschaftlichen Erfolg oder für den legendären komparativen Vorteil ist. In dem wir den Kids rechtzeitig die Chance geben, sich auf hohem Niveau zu spezialisieren, geben wir auch unserer Volkswirtschaft wieder die Chance in einzelnen Bereichen Weltmaßstäbe zu setzen, wie wir es einst mit Einsteins legendärer Formel, der Erfindung des ersten tauglichen Autos mit Verbrennungsmotor durch Benz oder den ersten programmgesteuerten Computer plus der ersten echten Programmiersprache durch Zuse schon mehrmals erreicht haben.

Spezialisierung und der komparative Vorteil auf der Ebene der Makroökonomie haben uns zu dem gemacht, was wir heute sind. Wenn die nächste Generation die Chance bekommt, wirklich in einzelnen Bereichen Exzellenzniveau zu erreichen, dann gewinnen wir viel davon. Dabei geht es gar nicht darum, dass sie eine Wahl treffen, die in Zement gemeißelt sein muss. Lasst sie sich ausprobieren und auch mal in eine falsche Richtung laufen. Wichtig ist doch nur, dass sie lernen mit großem Eifer ihr Potential zu entfalten.

Leider zeigen die jüngsten Trends, dass wir keine Zeit mehr haben. Aktuell schwirren Artikel durch die digitale und analoge Presse, in denen von Interviews berichtet wird, wo sowohl der Wirtschafts- als auch der Finanzminister gestehen, dass unser derzeitiges Deutschland dabei ist, seinen Standortvorteil und seine Wettbewerbsfähigkeit zu verlieren. Dem steht eine Jugend gegenüber, die aus der Schule kommt und höchstens über ein Minimum an ökonomischer, unternehmerischer und finanzieller Bildung verfügt.

Ich glaube wirklich, dass die Schule die tragende Säule unserer Demokratie ist. Und auch wenn ich ganz und gar von der Idee eines staatlichen Schulsystems überzeugt bin, so kann ich nur das Fazit ziehen, dass es aktuell einen katastrophal schlechten Job macht. Nicht wenige sagen, dass Schule relativ gesehen schlechter performt als jemals zuvor seit der Einführung der Schulpflicht und ehrlich gesagt, verstehe ich diese Kritik.

Das führt zur Frage, ob uns ein Wirtschaftsunterricht aus der Krise führen kann? Ich sage ganz klar, dass er ein Teilaspekt der Strategie sein kann, die unser Schulsystem wieder zu dem verdienten Renommee verhilft, das sie einst besessen hat. Zugleich prophezeie ich auch, dass das nur gelingt, wenn wir die Schule nicht so verändern oder reformieren, wie wir es in den letzten fünfundzwanzig Jahren gemacht haben. Denn diese fehlgeschlagenen Versuche die notwendige Wandlungsprozesse zu initiieren, sind eine Hauptursache für die Bildungskatastrophe.

Für eine komplexe Welt braucht es komplexe Strategien. Den Wirtschaftsunterricht schlage ich hier als Teil einer komplexen Strategie vor. Zeitgleich zeige ich, wie komplex der Wirtschaftsunterricht sein kann. Die Betonung liegt auf kann, denn er kann ebenso ganz einfach und basal gehalten werden und die Schüler und Schülerinnen einfach nur zu guten „Haifischverkäufern" ausbilden.

Was kann ein gut gemachter Wirtschaftsunterricht? Er kann die Basis für jahrzehntelangen beruflichen und finanziellen Erfolg legen. Entgegen landläufiger Meinung ist Wohlstand in erster Linie das Ergebnis einer bestimmten Art von Bildung. An dieser Stelle könnten wir auch sagen, einer bestimmten Art von Verstehen. Aber gute Bildung zielt ja primär darauf ab, jene Art von Verstehen zu wecken, das sich in aktives Handeln umwandelt.

Mir persönlich ist das ein Anliegen. Denn ich habe die Schule verlassen und hatte nur marginale Kenntnisse über die Welt der Wirtschaft und den großen Teil davon hatte ich von meinen Eltern und den (leider linken) Büchern über Wirtschaft, die überall bei uns herumschwirrten. Definitiv habe ich nicht genug mitbekommen, um das

Optimum aus mir herausholen zu können. Ich habe zudem auch WAT studiert, was quasi die aktuelle Light-Variante eines deutschen Wirtschaftsunterrichts sein könnte; die Betonung liegt auf könnte. Wenn ich es mit dem Wissen vergleiche, das ich mir in den letzten Jahren erarbeitet habe, inklusive der praktischen Erfahrung, die ich beim Vertrieb meiner Produkte gesammelt habe, muss ich sagen, dass das ökonomische Niveau in diesem Fach so enttäuschend ist, dass ich nicht glaube, dass Reformen das Fach zu einem echten und kompetenten Wirtschaftsunterricht umwandeln könnten. Es ist einfach zu weltfremd. Genau deshalb fordere ich den Wirtschaftsunterricht!

Ich habe nicht den Eindruck, dass sich viel in den Schulen geändert hat, seitdem ich mein Abitur gemacht habe. Das ist mehrere Jahrzehnte her. Noch immer dominieren die Themen, welche den Philologen- und Lehrerverbänden persönliche Steckenpferde sind und nicht die Themen der harten Realität, die viele Schüler und Schülerinnen später auf nicht immer angenehme Weise zu spüren bekommen werden.

Ich sah letztens ein Video. Der Protagonist regte sich über die mangele Relevanz des Deutschunterrichts auf. Der Mann war wohl Fachmann für Werbetexte und hat wohl damit seine Milliönchen gemacht und er mokiert sich wie ich, wie wenig das Wissen aus dem Deutschunterricht später auf dem Markt gebraucht oder anders gesagt, in bare Münze umgewandelt werden kann. Ich glaube auch, er bezog sich mit seiner Kritik vor allem auf den höheren Deutschunterricht, wie er in der Sekundarstufe gelehrt wird und nicht auf den wichtigen Grundschulunterricht.

Ich will auch gar nicht Rilke, Nietzsche oder Hesse schlecht machen. Das sind wunderbare Autoren. Aber abgesehen davon, dass den tiefen Sinn dieser Schriftsteller nahezu kein Achtzehnjähriger erfassen könnte (und viele Deutschlehrer* leider auch nicht), ist die Kenntnis dieser Dinge so irrelevant, dass es keinen echten Mehrwert hat, sie im Unterricht zu behandeln. Der Redner aus dem Video schlug deshalb vor, stattdessen gut Werbetexten zu lernen oder zu lernen, wie man die Sprache benutzt, um sich gut verkaufen zu können. Tatsächlich hat er das als Appell formuliert und ich kann mich ihm nur anschließen.

Unsere Situation in der Bundesrepublik Deutschland ist immer noch hervorragend. Viele die dieser Tage jammern, vergessen das häufig und sie scheinen ebenso zu übersehen, dass die Krisen in anderen Regionen deutlich heftiger sind. Auch ich will meine Kritik nicht so verstanden wissen, dass ich diese guten Bedingungen in Abrede stelle. Wir haben dieser Tage natürlich viele Rückschläge hinnehmen müssen, einfach weil die Welle der Globalisierung, der wir die fetten letzten Jahre verdankten, zum ersten Mal seit Jahrzehnten abgeebbt ist. Dennoch könnte dieser aktuelle Rückschlag für uns eine große Chance sein.

Krisen können zerstören oder sie können die Kraft für einen Veränderungswillen wachrütteln, der am Ende nicht nur aus der Krise heraus, sondern darüber hinaus auch noch zu einer bisher ungeahnten Hochphase oder einem Bullenmarkt führen kann. Ich sehe die aktuelle Krise so, eben weil ich die deutsche Geschichte kenne und wir das schon mehrfach geschafft haben.

Deutsche Arbeiter und Arbeiterinnen sind für ihren Fleiß bekannt – ArbeiterInnen meint hier alle die arbeiten und nicht den Gegensatz Arbeitnehmer und Arbeitgeber. Unser Fleiß ist weltweit legendär und er hat uns mehrmals wieder zurück an die Weltspitze geführt, nachdem wir am Boden gelegen haben und das ist oft passiert. Diese Tugend auch der nächsten Generation zu vermitteln, kann ein echter deutscher Wirtschaftsunterricht leisten. Allein diese Wahrscheinlichkeit rechtfertigt es, in allen Bundesländern Initiativen zu starten, um ihn deutschlandweit zu etablieren.

Ich sehe diesen Schritt als einen evolutionären Schritt. Warum unterrichten wir, was wir unterrichten? Weil wir als Gesellschaft eingesehen haben, dass das Wissen wichtig für die Jugend und das Land ist. Die Crux ist, dass die Entscheidung des Aufbaus der heutigen Schule, ihrer Einteilung in ganz spezifische Fächer und die Festlegung der Inhalte aus einem vergangenen Zeitalter stammt. Ich betone das mit Nachdruck: Die Maximen unseres heutigen Schulsystems stammen aus der Zeit vor dem Internet, der digitalen Revolution und der AI. Das damals war die Moderne, im besonderen die Postmoderne. Aber wir befinden uns nicht mehr in diesem Zeitalter und wir brauchen Maximen für unser Schulsystem, die aus diesem neuen Zeitalter stammen!

Wenn ich heute auf die technischen Möglichkeiten gucke, dann denke ich jedes Mal an all die ungenutzten Möglichkeiten für die Pädagogik und die Didaktik, die darin liegen. Wenn wir die ganzen Möglichkeiten richtig nutzen, könnten wir die Effizienz unserer Lehrtätigkeit sicher um ein Vielfaches potenzieren. Bisher sind ein paar interaktive Tafeln ohne extra Didaktik-Programme und pädagogische Apps und der Videounterricht während der Corona Pandemie alles, was wir daraus gemacht haben. Das ist erbärmlich, vor allem weil es alles leugnet, wofür dieses neue Zeitalter stehen wird.

Wir können das tote Pferd weiter reiten, aber es wird keine besseren Ergebnisse bringen. Oder wir können die Chancen des Neuen nutzen und etwas daraus basteln, dass das deutsche Schulsystem wieder zu einer internationalen Ikone macht. Bisher verschläft Deutschland die digitale Wende.

Als die erste Kanzlerin Deutschlands von Neuland bei einer Rede in den USA sprach, war die digitale Maschine bereits am dampfen und dabei alles umzuwälzen. Gefühlt hat die Führung unseres Landes seitdem keinen Schritt vorwärts gemacht. Ein dutzend Jahre später sehen wir erstmals die negativen Auswirkungen dieser Faulheit. Denn andere Länder beginnen Produkte auf den Markt zu werfen, die all diese Möglichkeit nutzen. Das passiert nicht nur jenseits des großen Teiches oder im fernen Osten, sondern auch in Europa haben wir mit Ländern wie Estland Beispiele, wie digitale Infrastruktur richtig geht. Die Inkompetenz der Politik – die immer zuerst ein Ausdruck der Faulheit unserer Politiker und Politikerinnen ist, sich in das Thema einzuarbeiten! - wirkt sich eins zu eins auf unsere Schulen aus.

Estland hat bereits ein digitales Gesundheitswesen, während wir immer noch im letzten Jahrhundert feststecken und das halbe Land das Gefühl hat, dass unser Gesundheitswesen kurz vorm Kollaps steht. Sie haben E-Government und die digitale Identität schon vor Jahrzehnten eingeführt, während bei uns alle online eingereichten Anträge von den Ämtern immer noch auf Papier ausgedruckt werden müssen. Zugleich haben sie auch in den Schulen das Digitale zu einer Maxime erhoben und erreichen in den internationalen Vergleichsstudien immer wieder beeindruckende Werte. Warum lernen wir nicht von unserem kleinen Nachbarn?

Ist es Zeit für die Kehrtwende? Ist es überfällig aus der Sackgasse unseres Bildungssystems wieder herauszufahren? Die Fragen sind falsch gestellt. Denn wofür es Zeit ist, ist endlich echte Verantwortung für die Zukunft unserer Jugend und damit für die Zukunft unseres Landes zu übernehmen. Niemand mit gesundem Verstand glaubt noch, dass es im Bildungssystem gut läuft. Das ganze Land hat verstanden, dass wir weit unter unseren Erwartungen performen. Die Ursachen sind weder Fachkräftemangel, noch Flüchtlinge oder soziale Unterschiede; die Ursache ist ein Schulsystem, welches aus einem vergangenen Zeitalter stammt. Alles andere sind höchstens Symptome und ich garantiere, dass selbst wenn wir das Fachkräfteproblem lösen würden, sich die Ergebnisse höchstens minimal verbessern würden. Einfach weil die Ursache für unsere Probleme in Wahrheit eine andere ist.

Wie immer liegt es in der Hand jedes einzelnen, ob er oder sie ein Teil des Fortschritts oder des Rückstands werden will. Wir können natürlich weiter zuhause gammeln und Tatort oder Traumschiff gucken oder wir können anfangen, uns Vereinen, Parteien und Initiativen anzuschließen, die etwas gegen die Missstände tun wollen. Ich erinnere mit tiefem Respekt an die vielen Senioren, die als ehrenamtliche Lesepaten in die Schulen kommen, um zu helfen. Aber ich weiß auch, es könnten so viel mehr sein, wenn die Leute heute weniger den Biedermeier pflegen würden und stattdessen zeigten, wie fleißig Deutsche sein können.

18

Das alte Sprichwort vom Regen in die Traufe passt so gut zur Entwicklung der deutschen Schule seit der letzten Jahrtausendwende. Am Ende kann jeder sich entscheiden, ob er der Meinung ist, ob das deutsche Schulsystem in seiner größten Krise seit der Gründung der Bundesrepublik steckt oder ob es gescheitert ist und komplett erneuert werden muss.

Wie gesagt, bevorzuge ich das evolutionäre Modell. Auf jede Entwicklungsstufe folgt eine höhere. Falls das nicht geschieht oder anders gesagt, wenn es nicht gelingt sich an die verändernden Umweltbedingungen anzupassen, dann stirbt die Spezies aus. Letzteres lässt sich natürlich schwer auf das Schulsystem übertragen und doch sind wir als demokratische Republik nicht die einzigen auf der Spielwiese. Leider gibt es da einige ganz böse Mobber und wenn wir nicht fleißig genug lernen, werden wir ein echtes Problem bekommen, weil sie mächtiger werden könnten als wir.

Angesicht der vielen quasi Monopole, die China auf seltene Erden hat und ihre globale Einkaufstour auf dem Weltmarkt für Rohstoffquellen, ist bereits jetzt unser wirtschaftliches Wachstum gefährdet. Zeitgleich ist die Lösung, mit der Deutschland seit mindestens zweihundert Jahren Erfolg einfährt, bald nicht mehr durchführbar. Die Rede ist vom deutschen Bildungsstandard und dem deutschen Fleiß. Unsere Kultur hat sich in den letzten Jahren zu einer Spaß- und Unterhaltungskultur entwickelt, komischerweise produziert sie statt glücklichen Menschen im Überfluss Menschen, die sich extrem unsicher fühlen und im zunehmenden Maße Neurosen und Depressionen entwickeln. Etwas was hier erwähnt wird, weil es natürlich ein relevanter Faktor für die Wirtschaft ist und das deutsche Volk früher eindeutig für sein überdurchschnittlich hohes Selbstbewusstsein und seine extreme mentale Stabilität in Arbeitsprozessen bekannt war.

Fakt ist: Wir müssen endlich eine Entscheidung treffen. Ich fordere jede:n am Ende dieses Essay auf, für sich diese Entscheidung zu treffen. Die erste Option, die zur Wahl steht, ist offensichtlich. Wir können einfach genau so weitermachen. Vielleicht machen wir hier und da eine kleine nette Reform, um etwas gegen die Missstände zu tun oder es zumindest zu versuchen. Letztendlich ist eine Reform nichts anderes als ein Verband oder ein Pflaster, welches auf eine Wunde gelegt wird. Das kann gut funktionieren, dafür gibt es sehr viele Beispiele.

Ich hoffe zugleich, dass ich gute Gründe vorgebracht habe, warum eine Reform in unserer aktuellen Situation nicht reichen wird, um die Karre aus dem Dreck zu fahren. Es steht in jeder Zeitung, kommt in jedem Fernsehkanal und steht Millionenfach im Internet auf den Social Media Plattformen: Wir befinden uns in einer Bildungskrise. Meine Absicht war klarzumachen, dass die Heterogenität der SuS inklusive Verhaltensauffälligkeiten und der aktuell sich immer mehr zuspitzende Fachkräftemangel nur Symptome sind. Man besiegt eine Krankheit nicht indem man nur die Symptome bekämpft, sondern indem man etwas gegen die Ursache der Krankheit tut.

Dass Bildung wieder eine gesamtgesellschaftliche Aufgabe werden muss, ist doppelt klar. Zum einen sind die auf uns zukommenden Probleme so groß, dass wir als Volk keine Sekunde ruhen dürfen, um alles über diese Probleme (Klima, AI, Krise der Globalisierung, Inflation und niedrige Geburtenraten) herauszufinden und auf Grundlage der Erkenntnisse so viele Lösungen wie möglich zu entwickeln. Zum Zweiten waren wir noch vor einiger Zeit ein echt bildungsgeiles Volk. Jetzt werden wir zu einem Land, dass süchtig an den Bildschirmen klebt, dabei geistig abstumpft, Essstörungen und Depressionen entwickelt oder sich diesen dummen Verschwörungstheorien anschließt. Wir sollten dringend zu unserer Natur zurückkehren und Bildung wieder auf den (demokratischen) Thron setzen.

Ich spüre keine nationale Anstrengung in diesem Land, für unsere Jugend alles zu geben. Weder spüre ich das in wirtschaftlichen Fragen, also dass wir all unsere Gedanken darauf ausrichten, wie wir sicherstellen können, dass die nächste Generation in Wohlstand lebt. Noch spüre ich das für die anderen Themen mit Ausnahme der Umweltfragen und ich sage hier das ich Öko bin, vegan lebe und immer die Öffis benutze, aber ich sage auch, dass das nicht ausreicht und unsere Jugend mehr braucht. Vor allem braucht sie Vorbilder. Leute die dauernd frustriert von ihrer Arbeit sind, immer korpulenter werden und den ganzen Abend vor der Glotze hängen und rumheulen, weil alles teurer wird, sind desillusionierend. Unsere Kids haben bessere Bilder verdient, zu denen sie aufsehen können.

Unsere staatliche Schule ist nie nur Schule. Bildung ist die ganzheitliche Aufgabe des gesamten Volkes. Jede:r ist in der Pflicht seinen oder ihren Beitrag zu leisten. Denn der nationale Bildungsstand wirkt sich eins zu eins auf die Jugend aus. Und die harte Wahrheit ist, früher waren wir ein bildungsgeiles Volk und mit früher meine ich die Zeit vor dem Privatfernsehen, das unsere Gehirne zu stumpfen Staubsaugern für die Unterhaltungsindustrie gemacht hat. Wir waren wirklich eines der gebildetsten und belesensten Völker der Erde. Tragisch, aber das sind wir nicht mehr.

In den letzten Jahren sind wir zum Mittelfeld abgestiegen. Andere, wenn auch meist kleinere Nationen, führen das Feld mittlerweile an. Ich glaube, der Hauptschuldige ist diesmal nicht allein die Schule. Zwar hat sie als einzige Institution im Land die Aufgabe, für die Bildung der gesamten Bevölkerung zu sorgen, aber diese Aufgabe kann ihr nicht gelingen, wenn die Bevölkerung sich weigert, klüger zu werden; schlimmer noch wenn sie Dummheit zu einem Ideal macht. Letzteres scheint tatsächlich passiert zu sein. Natürlich gilt das nicht für alle, aber gerade hier im Großraum Berlin gibt es gigantisch viele, die bewusst dazu stehen, dumm zu sein und dumm bleiben zu wollen. Und das meine ich nicht als Witz.

Letzteres erleben wir auch in den Klassen. Bildung als Gut hat seinen Stellenwert verloren. Erzählen wir heute den Kids, dass sie dringend etwas für ihre Allgemeinbildung tun müssen, so gibt es immer mehr, die das bewusst ablehnen. Ich glaube, am auffälligsten ist, wie alle Schüler*, die sich wirklich anstrengen, als Streber beschimpft und emotional so lange kleingemacht werden, bis sie zurückhaltender mit ihrem Wissenshunger geworden sind. Diese Ablehnung des

Wertes Bildung a priori ist ein gesellschaftliches Phänomen und es steht im krassen Widerspruch zu der enormen Wertschätzung für Bildung, die in Deutschland noch vor ein paar Jahrzehnten die Norm war. Dazu fällt mir ein Zitat aus dem Film Forrest Gump ein: Dumm ist der, der dummes tut. Wir haben schon einmal ziemlich dumme Sachen getan und es ist traurig, dies zu einer Zeit sagen zu müssen, da in Deutschland quasi täglich wieder Juden attackiert werden.

Fortschritt ist die Antwort. Stillstand ist Rückschritt. Unser Schulsystem steht seit gefühlten fünfzig Jahren still. Es gibt keine große Bewegung, die sich hinsetzt und die Skills erwirbt, um auf die nächste Evolutionsstufe der Didaktik zu kommen und wenn ich sehe, was in den Unis publiziert wird, dann denke ich, wir drehen uns im Kreis. Aber so werden wir aus dieser Bildungskatastrophe nicht herauskommen!

Die immer schneller werdende technische Entwicklung bietet immer mehr didaktische Möglichkeiten. Aktuell scheint es nicht nur so, dass dieses Potential nicht nur noch nicht ausgenutzt wird. Es wirkt auch so, dass es weder eine echte Initiative gibt, damit anzufangen oder auch nur ernsthaft zu realisieren, wie groß diese Chance und wie überfällig diese Entwicklung ist. Es fehlt die Kompetenz, überhaupt zu erkennen, wie das möglich wird.

Ich finde die Smartboard- (also alle internetfähigen, interaktiven Lerntafeln und nicht nur die von Smart) Initiative zeigt das Dilemma deutlich. Die haben einfach in so viele Klassenräume wie möglich die Dinger installiert und haben dann wirklich geglaubt, dass es so funktioniert oder dass sie so den Bedürfnissen der LuL und SuS gerecht werden. Klar brauchen wir diese Dinger. Aber es wäre nötig gewesen, praktisch taugliche Apps dazu zu besorgen, damit das Ganze zu einem pädagogischen Mehrwert wird. Zu glauben, dass es ohne auch nur ansatzweise möglich wäre, einen hochwertigen Unterricht zu konstruieren, ist reine Idiotie.

Diese Apps hätten übrigens mindestens zwei Funktionen erfüllen müssen. Zum Ersten hätten sie dem Lehrer und der Lehrerin aus einer großen Zahl an Vorlagen, Layouts und Bausteinen die Möglichkeit bieten müssen, intuitiv den Unterricht vorbereiten zu können. Sie hätten zum anderen die Kids direkt einbinden müssen, etwa durch eine leicht bedienbare Benutzeroberfläche auch zusätzlich vernetzt mit ihren Smartphones, durch die sie direkt und interaktiv mit dem Unterrichtsthema arbeiten können. Für beide Aufgaben gab es schon vor zehn Jahren viele Dutzend Umsetzungsmöglichkeiten und seitdem die KI Welle zum ersten Mal wirklich (alles über)rollt, potenzieren sich diese Möglichkeiten ständig.

Natürlich wird sich Unterricht dramatisch verändern und verändern müssen. Auf der einen Seite sind die neuen interaktiven, technischen Geräte so disruptiv für die Bildungslandschaft wie die großflächige Einführung des Buchdrucks mit beweglichen Lettern zu Beginn der frühen Neuzeit. Dementsprechend müssen alle bestehenden Unterrichtskonzepte, die ausschließlich auf die Nutzung von Print- und Handschreib-Medien ausgerichtet waren, von Grund auf überarbeitet werden.

Zum anderen wird es nur unter maximaler und bestmöglicher Nutzung der interaktiven Medien möglich sein, die Schüler und Schülerinnen so zu bilden, dass sie zu

LeistungsträgerInnen auf den zukünftigen nationalen und globalen Wirtschaftsmärkten werden. Denn wir dürfen eins nicht vergessen. Die neuen Technologien haben nicht nur unser technisches Niveau erhöht. Sie haben im selben Maßstab die Anforderungen an die Arbeiter und Arbeiterinnen erhöht, um hohe Einkommen erzielen zu können. Mit den alten, pädagogischen Konzepten der Printmedien-Ära werden sie dieses Lernniveau nicht erreichen, dementsprechend auch nicht das Einkommen erwirtschaften.

Ich weiß, dass mithilfe der digitalen Medien ein Leistungsniveau auf breiter Basis zu erreichen ist, dass bei der ausschließlichen Verwendung von Printmedien nicht erreichbar ist. Allerdings wird das nur mit einer spezifischen Didaktik möglich und hier führe ich natürlich an, dass die gesamte Didaktik unseres Landes, die zur Zeit der Niederschrift dieses Textes in Gebrauch ist, aus dem Zeitalter der und für die Printmedien stammt und gemacht worden ist.

Die vielen neuen technischen Innovationen bieten uns die Möglichkeiten und zwingen uns zugleich dazu, Unterricht komplett neu zu konzipieren. Ich glaube, allein schon mit dem heutigen technischen Niveau könnten mindestens vierzig Prozent der Aufgaben, die LuL heute erfüllen, von den Maschinen übernommen werden. Geht die technische Entwicklung so weiter, werden es in zehn Jahren locker siebzig Prozent sein.

Konzentrieren wir uns aus konservativen Gründen (ein Euphemismus für: wir sind zu faul, was neues zu lernen und uns weiterzuentwickeln) darauf, didaktisch genauso weiterzumachen, wie es aktuell getan und in den Unis gelehrt wird, werden wir einen vielleicht nie wieder gutzumachenden wirtschaftlichen Schaden verursachen. Denn wenn wir diese Techniken nutzen und die Hälfte unserer heutigen Tätigkeiten von Maschinen machen lassen und gleichzeitig die Personaldecke und die Arbeitszeiten so belassen, werden fünfzig Prozent reines Potential frei, um den Kids zu helfen, hochleistungsfähig zu werden und das ist genau das Potential, was wir brauchen und investieren müssen, um in diesem neuen Zeitalter weiter auf der Welle des wirtschaftlichen Erfolgs surfen zu können.

Denn auch in der echten Wirtschaft werden immer mehr Jobs von Maschinen übernommen werden. Das muss nicht schlecht sein, denn auch die Fließbandarbeit hatte durch ihre Einführung viele Jobs zerstört, dann aber mehr geschaffen, als sie vorher zerstört hatte und es ist machbar, dass es auch diesmal wieder so kommt. Um diese Höchstleistungen erbringen zu können, müssen wir LuL anders arbeiten. Dadurch dass die Maschinen durch entsprechend getestete Apps die Hälfte unserer Aufgabe übernehmen und der Staat nicht so dumm ist, um in der Bildung zu sparen, bekommen wir die Chance, in Einzel- und Kleingruppenarbeit das Momentum in den Kids zu erzeugen, um zu einem Höchstleister, bzw. Höchstleisterin werden zu können. Der High Performer ist hier natürlich ein Begriff aus der Wirtschaftswelt für überdurchschnittlich motivierte Leistungsträger*.

Hier muss natürlich gewarnt werden und zwar mit drei Ausrufezeichen. Die große Reform zur Integration, die fulminant gescheitert ist, ganz einfach weil sie in ihrer Konsequenz mehr Schaden angerichtet als verringert hat, ist deshalb gescheitert, weil der Staat sie als Sparmöglichkeit missbraucht hat. Es war ein Ansatz um mehr Menschen, etwa mit Handicap in die Regelschulen zu bringen. Ein moralisch wichtiges Vorgehen, welches allerdings nur durchführbar gewesen wäre mit erhöhter Personaldecke. Auf der einen Seite gab es die Fachkräfte zwar überhaupt nicht, aber viel schlimmer ist, dass es unabhängig davon vom Staat gar nicht eingeplant wurde, dieses Personal bereitzustellen. Zumindest ist das meine Interpretation des staatlichen Handelns und es deckt sich mit der Meinung aller Lehrer und Lehrerinnen, die ich kenne.

Jeder richtig investierte Cent in die Bildung wird sich verzehnfachen. Die Betonung liegt auf richtig investiert und zwischen den Zeilen sollte klar geworden sein, dass ich zu der immer größer werdenden Fraktion aus Lehrern und Lehrerinnen gehöre, die Zweifel an den Entscheidungen der Entscheidungsträger entwickeln. Woran ich allerdings glaube, ist, dass solange noch Luft durch unsere Lungen fließt, so lange können wir den Karren aus dem Dreck fahren und genau deshalb schreibe ich das hier.

19

Es ist Zeit für unser Fazit: Es beginnt mit der Situation, in der wir stecken. Ich diskutiere nicht mit irgendjemandem darüber, ob wir in einer Bildungskrise stecken. Wir tun es und jede:r, der oder die das anzweifelt, hat keinerlei Ahnung von Pädagogik, Didaktik, der Situation in den Schulen oder der Bedeutung des staatlichen Schulsystems für unsere Demokratie.

Worüber man streiten kann, ist, ob es die größte Krise des Bildungssystems ist oder nicht? Hier muss jede:r seine oder ihre eigene Schlussfolgerung ziehen. Ebenso muss jede:r für sich entscheiden, ob er glaubt, dass dieses Schulsystem noch zu retten ist oder ob es komplett gescheitert ist und deshalb von Grund auf neu gemacht werden muss.

Ich habe meine Entscheidung auf der Grundlage meiner Erfahrung aus dem Schuldienst, meines Lehramtsstudiums und jahrelanger Reflexionen getroffen. Angesichts dessen, dass dieses Schulsystem in einer historischen Zeitepoche entworfen und konstituiert wurde, in der wir nicht mehr leben, muss es anhand der Maximen und Regeln des neuen Informationszeitalters - oder wie spätere Generationen unsere Epoche taufen werden - neu geschaffen werden.

Eine Säule dafür muss meiner Meinung nach ein verpflichtender Wirtschaftsunterricht für alle Schüler und Schülerinnen Deutschlands sein. Denn ich bin Lehrer und ich trage die Verantwortung dafür, dass die Kids später erfolgreich werden. Aber das kann ich nicht erfüllen, solange sie nicht ernsthaft vermittelt bekommen, wie Karriere, Ökonomie, Aktien, Unternehmertum und all die anderen wirtschaftlichen Dinge funktionieren und ich kann mir auch nicht vorstellen, wie irgendein anderer Lehrer oder Lehrerin glauben kann, dass das möglich ist.

Leider weiß ich, wie viele es anders sehen. Die Philologen- und Lehrerverbänden leben in ihrer akademischen Bubble. Sie sind schön weich in staatliche Watte eingepackt und geben sich ihren akademischen Fantasien hin. Mit dem Blick auf die thematische Auswahl unserer Rahmenpläne und die Zusammenstellung der Stundentafel wirkt es tatsächlich so, als hätten sie den Lebensweltbezug verloren.

Ich hätte an dieser Stelle auch gar nicht das Recht mich zu beschweren, wenn sie wenigstens mit ihren Konzepten gute Ergebnisse und Leistungen produzieren würden, welche uns in den internationalen Vergleichsstudien wie Sieger aussehen lassen würden. Denn ein (moralischer) Sieg hat immer Recht. Aber wir, die einstige Bildungsnation, sind ins Mittelfeld abgestiegen.

Natürlich führt uns das zu der aktuellen Situation, dass unser Land den Eindruck vermittelt, innerlich zu zerreißen. Nicht nur die Philologen sitzen in ihrer Bubble, in ihrem akademischen Elfenbeinturm. Auch die politische Spitze führt uns unübersehbar in eine große Krise. Die aktuellen Wirtschafts- und Finanzminister haben vor kurzem eine so schlechte Show abgeliefert, dass uns die gesamte Welt ausgelacht hat. Ich kann mich nicht erinnern, wann das je passiert ist. Früher haben sie uns (leider) gefürchtet und bewundert, aber noch nie hat man uns ausgelacht. Die Leute zahlen deshalb durchschnittlich mehr für deutsche Produkte, weil wir so einen guten Ruf haben. Das Versagen dieser beiden wird unsere Wirtschaft noch lange viel Geld kosten.

Was hat das mit unserem Thema zu tun? Nun die Menschen bekommen die PolitikerInnen, die sie verdient haben; zumindest gilt das für eine Demokratie mit freien Wahlen. Intellektuell entwickeln wir uns zurück. Ich glaube sogar, die großen Studien belegen diesen Rückgang eindeutig. Weil wir es als Schule nicht schaffen, das Bildungsniveau aufrecht zu erhalten, geschweige denn zu erhöhen, bekommen wir solche unfähigen Politiker. Von einem Wirtschaftsunterricht erwarte ich auch, dass wir zukünftig wieder Politiker wählen, die uns wirtschaftlich wieder echten Wind unter den Segeln besorgen.

Am Ende ist dieser Text nur ein Essay. Jedes Buch, das nicht zu Handlungen veranlasst, ist tote Literatur oder Belletristik. Ich wünschte, wir würden uns zusammensetzen und den Traum dieser kleinen Schrift in bare Münze umwandeln. Es lohnt sich, denn wir alle wollen, dass unsere Kinder später so reich wie möglich werden. Keiner von uns will, dass sie finanziell straucheln oder sich nicht das leisten können, was sie brauchen, um sich ihre Wünsche zu erfüllen. Alle neueren Untersuchungen zeigen aktuell, dass es der jetzigen und prognostiziert auch den folgenden Generationen relativ gesehen schlechter gehen wird, als der von den Mainstream Medien als Babyboomer bezeichneten; grundsätzlich mag ich diese Begriffe nicht, denn sie verschleiern die Komplexität der Realität und sind auch ageistisch. Aber der Trend ist unübersehbar. Es geht mit uns wirtschaftlich nicht mehr so schnell bergauf wie früher und möglicherweise sogar bergab.

Wir hören von der Schere zwischen arm und reich, die immer größer wird und der Erosion des Mittelstandes. Wir erleben erstmals, dass wir echte Probleme mit der Energieversorgung für die Industrie bekommen und wie Lieferketten immer häufiger von politischen Ereignissen gestört werden. Diese Probleme sind natürlich nur exemplarisch und die Spitze des Eisbergs. Aber sie zeigen, was mit unserem Momentum gerade passiert.

Zugleich ist Intelligenz nichts anderes als der Begriff, mit dem wir unsere Problemlösefähigkeit bezeichnen. Die oben genannten Probleme sind zuerst einmal wirtschaftliche Probleme und um sie zu lösen, brauchen wir wirtschaftliche

Intelligenz. Wenn die wirtschaftliche Intelligenz allerdings aktuell nicht ausreicht, sie zufriedenstellend zu lösen, dann müssen wir unsere wirtschaftliche Intelligenz steigern. Eine Aufgabe, die der Wirtschaftsunterricht übernehmen kann.

Wir tragen die Verantwortung für die Generation von morgen, so wie die Generation von gestern diese Aufgabe für uns übernommen hat. Meine Generation, als auch die Generation meiner Eltern ist in einem in Deutschland vorher unbekannten Ausmaß an Wohlstand aufgewachsen. Es scheint, als ob irgendjemand seine Aufgabe ziemlich gut gemacht hat. Demgegenüber stehen die Hochrechnungen und Prognosen, dass es der jetzigen Generation finanziell und wahrscheinlich auch politisch zum ersten Mal schlechter gehen wird als der vorhergegangen Generation und das bezogen auf die Zeit seit der Gründung der Bundesrepublik. All das wissen wir, denn es steht ständig in der Zeitung und läuft in den Nachrichten im TV. Leider verhalten sich die Verantwortlichen träge, schwerfällig und hängen mit ihrem Weltbild in einem längst vergangenen Zeitalter fest.

Nun ist es zum Glück nicht meine Aufgabe hier über die PolitikerInnen herzuziehen, die ihren Job schlecht machen. Wir sind hier, um über Erziehung, Pädagogik und das System Schule zu reden und wie wir es fit für die Stürme eines neuen Zeitalters machen können und natürlich wie wir wieder mehr lebenstaugliche Jugendliche erziehen. Das alles steht unter dem Motto: Kinder reich zu machen.

Letztens liefen die Nachrichten auf einem der öffentlichen Sender im Fernsehen. Dort wurde berichtet, dass im letzten Jahr die Auslandsinvestitionen in Autokratien, die in Demokratien deutlich überstiegen haben. Ich bin mir nicht mehr ganz sicher, aber ich glaube, sie sagten, dass das zum ersten Mal der Fall war. Insgesamt finde ich, das beschreibt das globale Momentum sehr gut.

Jede:r von uns zieht zur Erklärung dieser Entwicklung einen anderen Erklärungsansatz heran. Ich bin Lehrer und für mich ist diese Entwicklung ein klares Anzeichen dafür, dass das Bildungsniveau weltweit zurückgegangen ist. Dieses Urteil fällen auch die meisten Studien, die so durch die Medien geistern. Auch wird jede:r wieder seinen oder ihren eigenen Erklärungsansatz wählen. Für mich ist klar, dass die Ursache darin begründet liegt, dass sich das Schulsystem in den „westlichen" Demokratien seit über drei Jahrzehnten nicht wirklich weiter entwickelt hat.

Wir haben seit Jahrzehnten von einem guten Momentum profitiert, welches damals losgetreten worden ist, aber jetzt kommen wir in die Phase, wo wir für unsere Versäumnisse gerade stehen müssen. Die Frage ist, ob es schon zu spät ist? Und die Antwort ist nein, aber wenn wir uns genauso zurückhaltend verhalten wie beim Kampf gegen den Klimawandel, dann werden unsere Kinder einen harten Preis für unsere Faulheit bezahlen.

Man möge mir verzeihen, aber im Endeffekt ist es die Faulheit der Verantwortlichen, die uns in diese Situation geführt hat. Noch immer tut man so, als ob das Problem nicht relevant ist. Aber wer die vielen Warnsignale aus der

Wirtschaft hört, kann nicht daran zweifeln, dass ein Schritt nach vorn überfällig ist.

Ich bin überhaupt kein Freund davon, schnelle ad hoc Entscheidungen zu treffen, noch finde ich es gut, zu lange zu warten, bis die Chance verloren ist. Es ist in der Bildung so, wie es auf allen Märkten ist: Der richtige Zeitpunkt entscheidet über den erfolgreichen Geschäftsabschluss. Mein Vorschlag sollte bis hierher klar geworden sein. Wir müssen unsere Stundentafel den Erfordernissen der Zeit anpassen und nach einem ethischen Demokratieunterricht ist ein verpflichtender Wirtschaftsunterricht überfällig, um unserer Jugend all die Fähigkeiten, Kompetenzen und Einsichten mitzugeben, durch die sie auf den späteren Märkten, auf denen wir uns alle verkaufen müssen, sich bestmöglich verkaufen können.

Es ist egal, ob bei einem Schulsystem oder einem Betrieb, alles was sich nicht weiterentwickelt, ist dazu verdammt, auf dem Markt unterzugehen. Schule funktioniert heute noch so wie zu meiner Schulzeit vor Jahrzehnten. Sie hat sich nur marginal verändert. Zugleich hat sich die Welt massiv verändert. Das beginnt und endet bei den technischen Innovationen, angefangen mit der disruptiven Einführung des Internets unter quasi allen Mitgliedern der Gesellschaft, und ein Ende scheint bisher nicht nur nicht in Sicht zu sein, es ist sehr wahrscheinlich, dass dieser Wandlungsprozess noch mehr Fahrt aufnehmen wird. Arbeit, Finanzen und Ökonomie verändern sich dabei genauso. Man möge nur das Parkett der Börse während meiner Schulzeit und der heutigen Zeit vergleichen.

Wenn ich sage, dass die Maximen und Metakonzepte unseres derzeitigen Schulsystems aus einem vergangenen

Jahrhundert und sogar Jahrtausend stammen, klingt das natürlich dramatisch. Aber es ist die rechnerische Wahrheit und ich möchte diesen Eindruck bewusst erzeugen. Viel entscheidender ist jedoch, dass sie aus einer Zeitepoche stammen, die ebenso vergangen ist.

Unsere Schule ist ein Produkt der Moderne. Wir befinden uns aber nicht mehr in der Moderne. Wir sind schon ein Zeitalter weiter und wir brauchen eine Schule, die dem aktuellen und nicht einem vergangenen Zeitalter entspricht. Darin wird der Wirtschaftsunterricht natürlich nur ein Baustein sein und ich warne davor, zu glauben, dass damit schon die Entwicklungsarbeit für eine zeitgemäße Schule beendet wäre.

Der aktuelle Wirtschaftsminister hat es geschafft, die deutsche Wirtschaft lächerlich zu machen und ich glaube, das ist seit der Industrialisierung noch nie passiert. Aber darum geht es hier nicht, auch nicht darum, dass ein Volk immer die PolitikerInnen bekommt, die es sich verdient hat. Sondern das worum es geht, ist, dass es die Politik ist, die darüber entscheidet, was in den Schulen geschieht. Das bedeutet, dass das der Ort ist, an dem wir für die Einführung eines verpflichtenden Wirtschaftsunterrichts in allen Schulen unseres Staates kämpfen müssen.

Wir als Volk wollen wieder stolz auf unser Schulsystem sein. Wir sehnen uns danach, unsere Kinder wieder guten Gewissens in die Schule schicken zu können und darauf vertrauen zu können, dass die Werte und die Inhalte, die dort vermittelt werden, ausreichen, um im Leben sehr erfolgreich werden zu können. Wir sind müde, von immer neuen Missständen und Problemen zu hören und immer schlechtere Ergebnisse in den regionalen, nationalen und internationalen Vergleichsstudien zu erreichen.

Die Zeit für den Schritt nach vorne ist nicht jetzt, sie wäre vor zehn Jahren gewesen. Wir brauchen nicht noch eine weitere gescheiterte Reform, noch weniger irgendetwas revolutionär Neues. Alles was wir brauchen ist der nächste Schritt auf der Leiter der Evolution. Die Welt hat sich verändert und wir haben es verpasst unser Schulsystem an die neuen Rahmenbedingungen der Berufs-, Arbeits- und Wirtschaftswelt anzupassen. Wann wollen wir diesen Schritt nachholen?

Jeden Tag, den wir länger warten, wird uns perspektivisch in der Zukunft nicht nur wichtige Prozentpunkte im Bruttosozial- und Bruttoinlandsprodukt kosten, es ruiniert auch unsere noch vorhandenen Standortvorteile. Denn unser Land verfügt weder über viele Rohstoffe, noch einen besonders guten Knotenpunkt auf dem die Warenströme zusammenfließen, wir sind auch nicht besonders groß, um einfach mit Skaleneffekten punkten zu können. Alles was Deutschland hat und alles was es gebraucht hatte in der Vergangenheit, um zu einer führenden Wirtschaftsmacht zu werden, war sein sehr gutes Bildungssystem und sein extrem hoher Bildungsanspruch. Wissen war unsere Macht. Möge sie es wieder sein!